毎日が幸せになる
「づんの家計簿」

書けば貯まるお金ノート

はじめに

次男を妊娠したころに書籍作りが始まり、「づんの家計簿」の書き方を一冊の本にまとめることができました。本を作ったことで、数年かけて取り組んできた家計簿が「こんなに進化してきたんだな」「こんな風に頑張って続けてきたんだな」と振り返るきっかけにもなりました。

SNSを始めてから2年。「づんの家計簿」を参考に家計簿に取り組まれる方も増え、家計簿＝ぴりぴりするマイナスなイメージから、楽しく把握して生き生きと過ごすために必要なことという、前向きな概念に変わってきているのではないかなと感じています。

私自身数字が苦手で、保険や家のローンの難しいお金の話をされると、わーっと頭が真っ白になるほど。「もっとお金の勉強をしなければ」と感じることばかり。そんな私が結婚を機にお金の管理をまかされ、取り組み、挫折と試行錯誤を繰り返し……。いかにストレスなく家計簿を継続していけるか考え実行してきました。

挫折（失敗）をどう乗り越えるかが鍵です。

今の生活環境は1年後には変わっているかもしれないし、収入支出も年々変化していきます。その都度、どう対応し、不安をなくしていけるか。現在をしっかり把握することで大きく前向きに変わっていけると私は思います。

４年前の私は何の根拠もなしに「なんとかなる」と言って現実と向き合っていませんでした。そして今。自信がついて不安もなくなり「私にまかせて！なんとかする」と言えるようになりました。４年前の私と今の私。大きく違うのは確かです。

今回は産後ということもあり、それまでできていたことを取捨選択し、無理なく継続し何を把握し続けるかに焦点をあてています。日々忙しく感じて「できない」のではなく、「過ごし方」を見直したり、「時間の使い方」を意識したりしながら、生活の中に「家計簿」を取り入れていくことを伝えたいと考えています。

ポイントは自分が何を『把握』したいのか、です。そこを意識するだけで家計簿づけがさくさくはかどります。

最初の頃は家計簿をつけていると、こんなにお金使って！と目をそむけたくなることも多かったのですが、継続してきたことで今では「家計簿をつける時間＝心が落ち着く時間」となりました。多忙な日々を過ごしながらも「づんの家計簿」がそんな時間を作ってくれる存在になれたらうれしいなと思っています。

づんの家計簿　基本のキ！

1 日々の支出をひとつひとつ書く

2 税抜き価格は税込み価格に

3 日々の支出は上書き合計していく

4 お財布の残金も書く

5 クレジットカードの支出は、
使ったその日に書く

6 給料、電気・ガス・水道などの
固定費は、金額がわかったら書く

7 生活費と特別費を分ける
→特別費は別会計

8 余裕があれば日々の出来事を書く
（無理に書かなくてもOK）

9 集計は、総収入−固定費−生活費

10 1か月単位で黒字にすることが重要

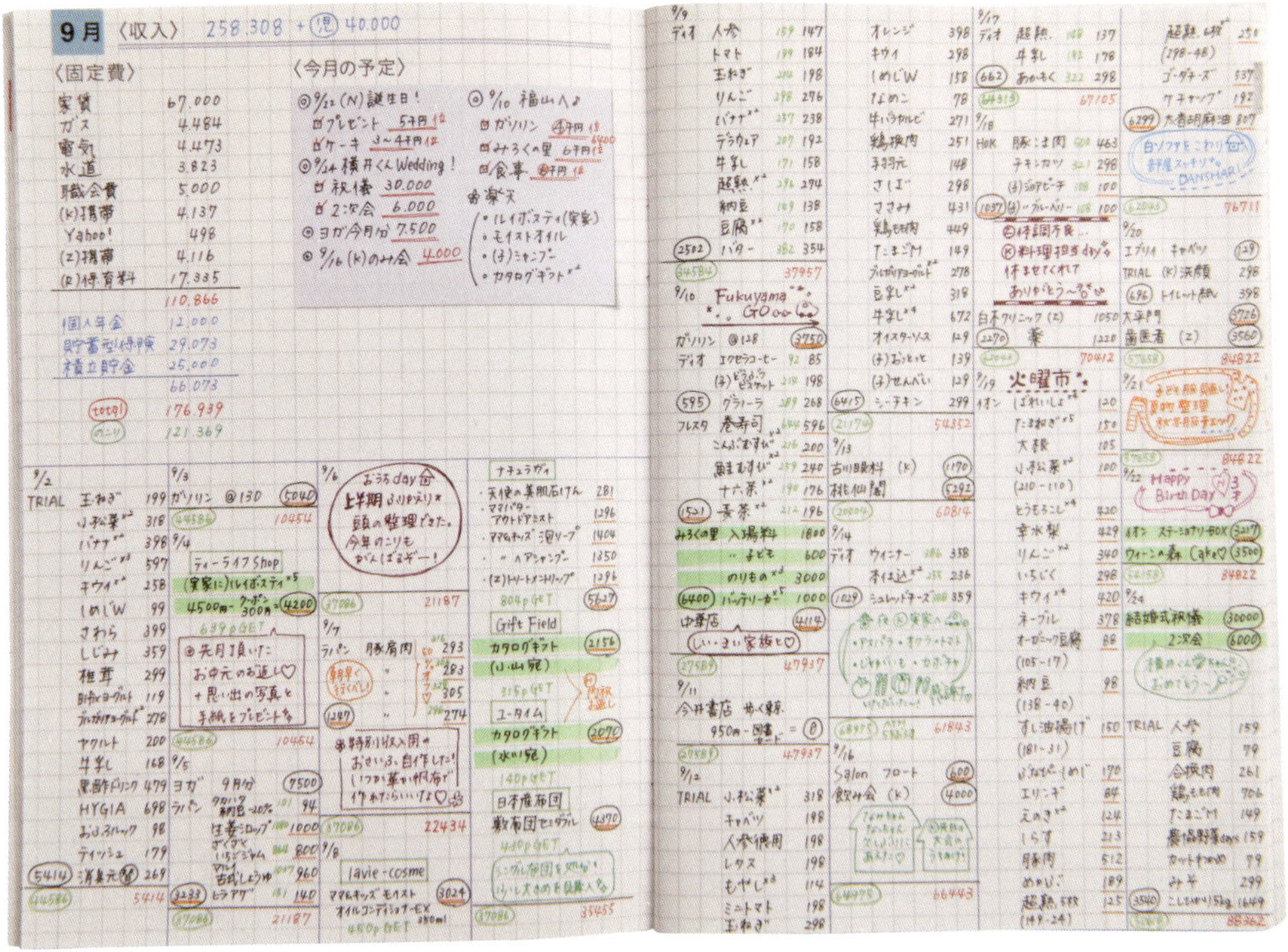

日々の支出を書き出すだけで家計のお金の出入りを把握することができます。

Contents

づんの家計簿 準備編

必要なものはこれ！

家計簿をつけるにあたり、私が使っている文具などを紹介します。「こんなふうに使うと便利」「使い勝手がいい」など私のおすすめポイントもお教えしますね！

家計簿ノート

第三子を出産したこともあって時間短縮を試み、今は『づんの家計簿ノート』を愛用中。表紙に好きな絵はがきなどを貼りカスタマイズしています。

電卓

電卓は税込み計算が一発でできるものが便利。スマホのアプリよりやっぱり卓上の電卓がおすすめです。

ふせん、のり

ふせんは家族年表やライフプランで予定や計画を立てるときに活用しています。のりは手帳のカスタマイズ（101ページ）などで使います。

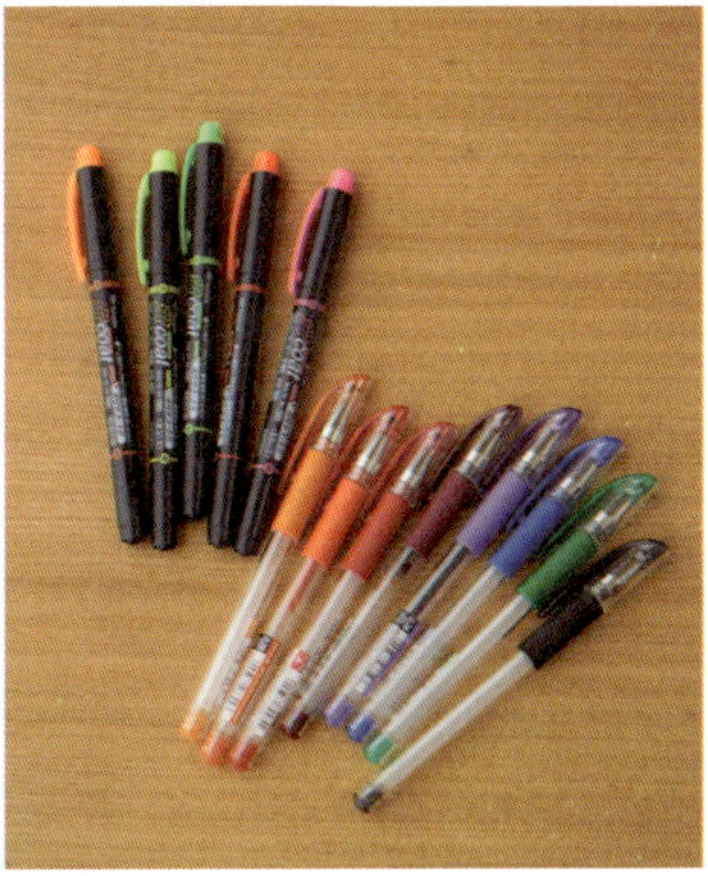

ペン類

愛用の蛍光ペンとボールペン。ペン先が細い「ユニボールシグノ 0.28」を使用しています。

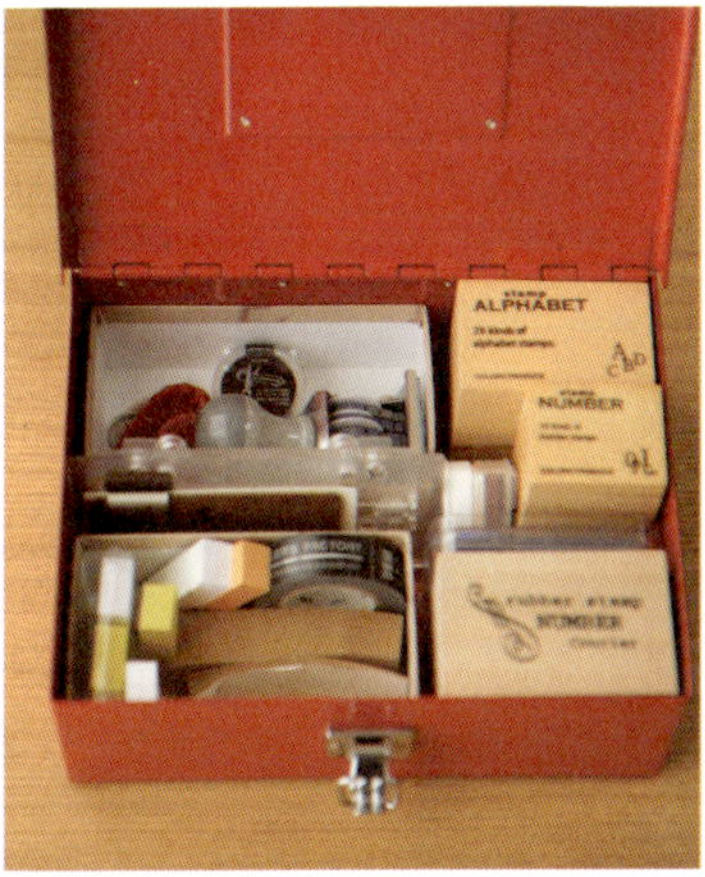

その他スタンプなど

マスキングテープやスタンプも家計簿を彩る小道具です。活用するものだけを買うようにしています。

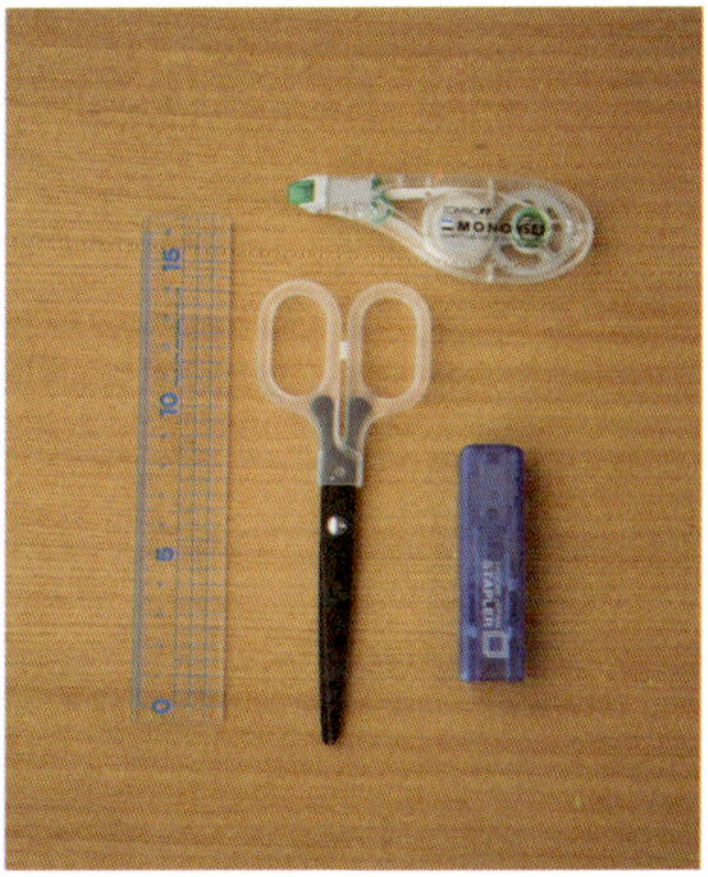

はさみ、定規など

定規は透明で薄手の15センチがお気に入り。ルーズリーフの縦方向にケイ線を引くなら30センチのものも用意して。

通帳類入れ

定期の通帳やギャランティの明細などをまとめて入れています。この革の赤い色が気に入っています。

小銭入れ

小銭があると子どもの園の集金でおつりを出さずに支払うことができます。お財布とは別に小銭ケースを用意して、折を見て補充しています。

家計簿ボックスが便利

家計簿に使う道具を籐のかごに入れて、持ち運びできるようにしています。こうしておくとテーブルさえあればどこでも家計簿が広げられてとっても便利です。ひとまとめにしておけば、散乱することもありません。

A4サイズがぴったり収まる大きさの収納がおすすめです。
家計簿の他、通帳類も入れています。

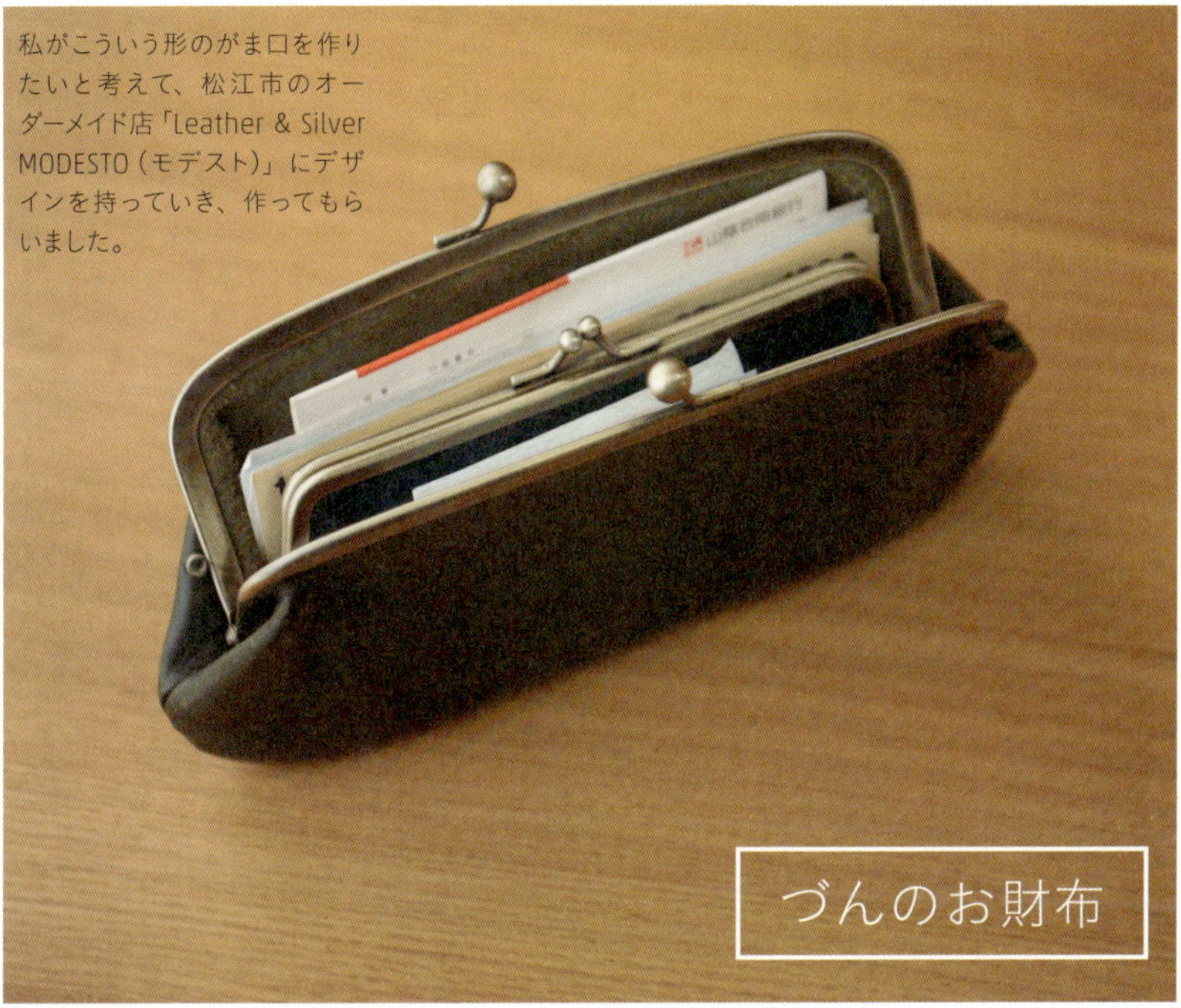

私がこういう形のがま口を作りたいと考えて、松江市のオーダーメイド店「Leather & Silver MODESTO（モデスト）」にデザインを持っていき、作ってもらいました。

づんのお財布

お財布はすっきりスリムに

私はがま口が二重になっているタイプのお財布を愛用しています。財布の中にはお金の他、よく使うカードと通帳が入っています。レシートはレシート入れを持ち歩いているので、基本的に財布の中には入れません。また、カード類もカードケースは別に用意し、クレジットカードの他には本当によく行くお店のポイントカードや免許証、自治体が発行する子育てカードくらいしか入れていません。

お財布がふくらんでいるとかさばってストレスになると私は思います。すっきりさせておいたほうが、金運もアップするような気がしています。

特別費用のお財布は別にしています。

Part 1

書けば貯まる家計簿のはなし

家計簿をつけるようになってから
家計についていろいろ考えることが多くなりました。
本当の「お得」ってなんだろう？
将来への「不安」ってどうして持つんだろう？　など。
試行錯誤しながら私なりに考えた家計にまつわる考えを
お伝えしたいと思います。

ディオ

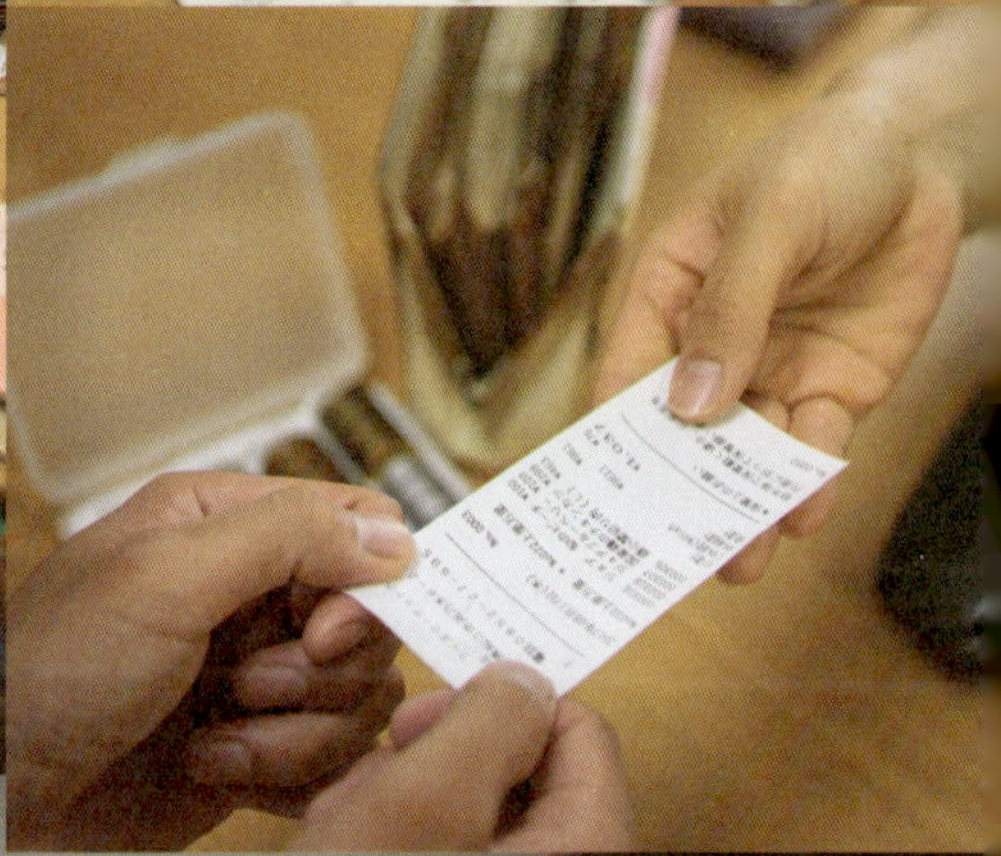

ボタン
を押してください。
ふれて下さい。
を押して下さい。
プリペイドカード

完璧な家計簿、目指しすぎていませんか？

家計簿をつけるというと、最初から完璧なものを目指す方が多いような気がします。家計簿＝我が家のお金の流れをすべて把握しなければいけないと思っている人がとっても多いんですね。

たとえば、家計のやりくりはご主人が担当で、生活費をもらってやりくりしている方の場合、「お金がどう動いているか把握できない……」という相談を受けることも。こういうことがきっかけとなって、家計簿を挫折してしまうようです。

でも、最初から全体を知ろうとしなくてよいのです。

いきなり全体を知ろうとせず、まずは自

こんなことはありませんか？

□ **カード払いや月の途中の光熱費の支払い、どう書いたらよいかわからない**
→ カードは使った日、光熱費などは金額がわかった日に書けば OK

□ **夫が管理している部分がわからない**
→ 自分のお財布の出し入れからまず把握してみる

□ **1 か月に使えるお金がいくらなのかわからない**
→ そのうちわかってきます。まずは書くことから始めてみて

point 1

あなたが使っている現金やカード。何にいくら使ったか最初は単純なお金の出し入れだけを書く。それでＯＫ

分がわかる範囲を把握（明確に）することから始めれば大丈夫です。「お金を使ったら書き出す」を習慣化し、慣れていきながらステップアップを試みてください。無理をしないことが一番です。

家計簿はちょっとずつ完成していく

出費の記録をつけていると、だんだんお金の流れがわかってきます。私もそうでした。お金の流れを把握していくうちに、問題点がちょっとずつ見えてくるはずです。あせらず、少しずつ家計簿は完成していけばよいのです。

「安いから買う」は家計簿をきっかけにやめました

節約しようと思っていると、「お得」や「安い」という言葉に必要以上に反応してしまいがちです。「見切り品」とか「広告の品」、「タイムセール」という言葉も魅力的ですよね。

でも、安いものを買うって本当にお得なんでしょうか。「安物買いの銭失い」という言葉がありますが、どんなに安くてもお金を使っていることに違いはありません。半額で購入した見切り品を使い切れず、気がつくと冷蔵庫の中で腐ってしまったり、セールで買った服を一度も着なかったり、そんな経験は、誰でもあると思います。私

買い物は必要なものを吟味して。価格だけでは決めません。

point 2

本当に欲しいものしか買わない！「とりあえず買っちゃおう」はやめましょう

安いTシャツ
↓
あまり着ない

気に入ったTシャツ
↓
毎日のように着る

安くても使わなければ結局は損！

もあります。

本当に欲しいものかどうか。値段よりもそこにこだわったほうが、生活が豊かになると私は思います。

いつかのために買うはやめる

安く買うのが悪いと言っているわけではありません。少しでも安く買いたいのは当たり前。でも、それに振り回されて、必要のないものを買う必要はありません。もうひとつ、いつか必要になるからとりあえず買っておこうもやめたい考え方。必要になったときに買えばいいと思います。

ひと月単位で黒字にするのが大切

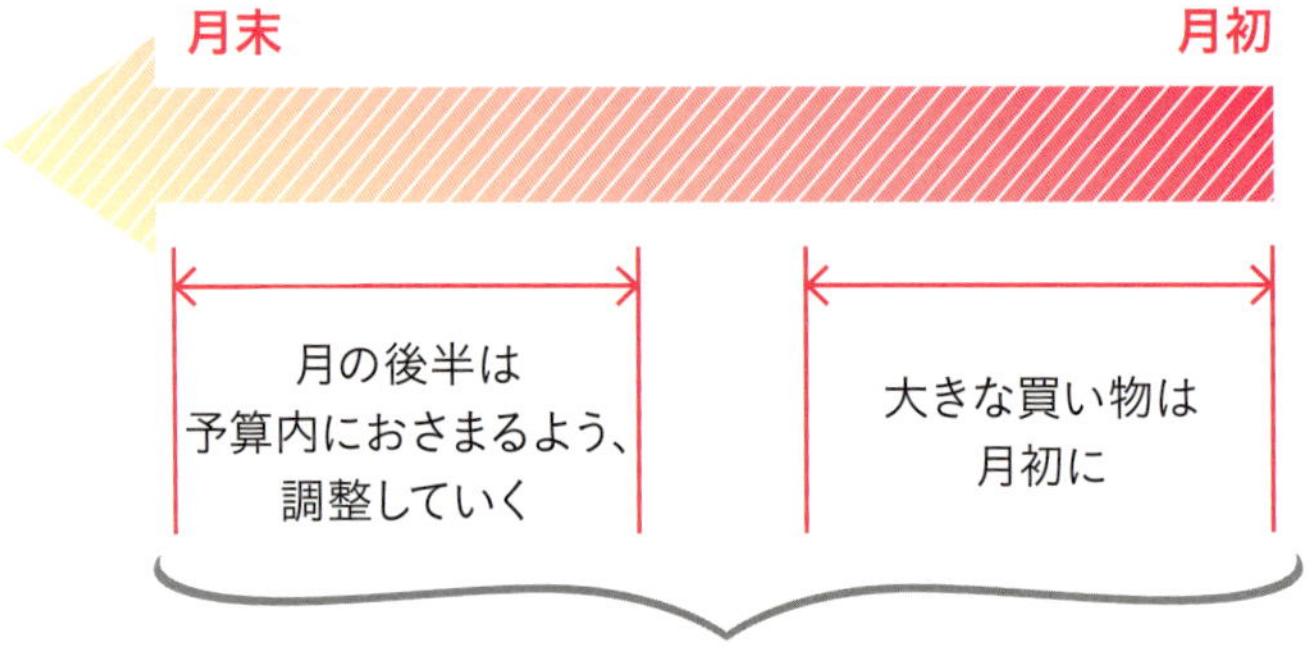

月末にストック品など大きな買い物をすると、
それが原因で赤字になってしまうことも！

黒字 ＝ その月に頑張ったゴール

※予定をしている大きな出費が後半に控えている場合もあるので、今月の予定されている出費を月初に書き出して、それを意識しながら過ごすことが大切です。

家計簿をつけ始めて最初の目標が「ひと月単位で黒字にする」でした。ずっと赤字だった私が、やりくりを頑張って、今月は黒字になりそうと思ったとき、ある事件が起こったのです。

それは夫がいつもより安いからと月末にガソリンを満タンまで入れたこと。夫としたらいつもより安かったのだから、まとめて入れて何が悪い……という感じだったのですが、そのことで、その月の家計が一気に赤字になってしまったのです。

ショックでした。「もうちょっとで黒字になるところだったのに！」と。黒字というゴールが見えていたのに、そこで追い抜かれてしまうような感じです。私が落ち込んでいる姿を見て、それ以来、夫も協力してくれるようになりました。今では、月末のガソリンは500円単位で入れてくれます。

少しでも黒字の幅を広げたい

ひと月単位で黒字にすることで、長いスパンでも黒字にできると私は思います。

月末はお金を使わず、静かにあるもので過ごして少しでも黒字の幅を広げるようにする。そうすることで、1年を通じてみると結果的に大きな黒字になりますよ。

point 3

毎月の黒字を積み重ねることで、1年を通して大きく黒字になる

まとめ買いは本当にお得？

「安いときにまとめ買いしておくとお得になる」と考える方が多いと思います。ストック品は少しでも安く買いたいという気持ちは誰にでもあるのではないでしょうか。

昔の私もそうでした。ストック棚にはあふれんばかりの消耗品。洗剤の特売で1年分を購入したこともありました。

でも、これって全然お得じゃないんです。少なくとも私はそう思います。

たとえば、ふだんは300円で購入している洗剤が280円で売っていたとします。ひと月に2本使うなら合計で560円です。ところが、1年分購入したらなんと6720円に。ひと月の予算で考えると割が合いません。洗剤を前月に買ってお金にちょっと余裕があるからと、翌月に別のストック品を買うということもよくありました。

ストック品にも消費期限

目先の安さにだまされず、使う分だけ購入するほうが、結果的に必要以上のお金を使わずに済みます。ストックを把握する労力・収納する場所を一掃させることで、部屋も心もすっきり身軽になりました。食品には賞味期限がありますし、洗剤などにも消費期限はあります。必要以上のまとめ買いは今はしていません。

point 4

必要以上のストック品を持つことはスペース的にも損 まとめ買いは必要最低限にしましょう

私のストック棚はすっきり

以前は棚３つ分をストックしていましたが把握しきれず、場所も取るしで悪循環。今は棚ひとつで管理しやすくなりました。

家計簿は私の精神安定剤

以前、夫が仕事の関係で2週間ほど家を留守にしたことがありました。産後まもなかったこともあり、少しでも負担をなくそうと試しに家計簿をお休みしてみたことがありました。

そうしたら不安ややもやもやな状態が続き、心に余裕がなくなってしまいました。買い物をしても現段階でどのくらいお金を使ったのか把握できずもやもや……。知りたい気持ちですっきりしない日々でした。

それで、いざ家計簿をつけてみると「意外とそんなに使っていなかった」ということがわかり、ひと安心。ようやくすっきりした気持ちで家事や育児をさくさく進めることができるようになったのです。
私にとって家計簿は精神安定剤なんだなとつくづく思いました。

家計簿は自分の記録としても重宝

ToDoリストを書くことで自分が今何をすべきかがわかり頭がはっきりして仕事がさくさく進められるように、家計簿もつけることでお金の流れやふだんの生活状態がわかるのです。自分のお財布の中の残金が、家計簿と合っているかを確認するだけですっきりして笑顔で過ごせます。

最近はお金のことだけでなく、これからやること、その日あったことの感想なども家計簿には書いていて日記のようになっていますね。日記は続かないけれど、家計簿は家事の一環と思っているからか、無理なく続けられるのです。調味料にこだわり始めたなど、自分の中で変化があったときにもそれを書いておくと結果的に、そのときどきの記録になって重宝しています。

家計簿をつけるようになって一番変わったのは、（お金だけでなく）生活全般についてきちんと把握できるようになったということ。覚え書きを見直すことでそのときの自分を自然と思い出せるんですよ。

point 5

家計簿をつけていると、お金のことだけでなく生活全体のことが把握できて、不必要な不安がなくなります

家計簿をつけ始めた最初がつらいのは当たり前

浪費をしている人こそ、家計簿をつけて
現実と向き合ってほしい

向き合うことで
乗り越えられる
ことも！

「づんの家計簿」をつけ始めたときによく聞く声が、「目を背けたいような浪費をしていることに気づいてぞっとした」というもの。でも、それに最初の1か月で気づくのはよいことだと思うのです。

浪費に心が痛いのは、現実と向き合うのがつらいから。それが最初の副作用みたいなものです。無駄使いしている人ほど「づんの家計簿」をつけてほしいと思うのは、まずはそこに気づいてほしいからです。

「つい浪費してしまう自分」という壁を乗り越えてこそ、家族のお金の管理ができるようになると思うんですよね。

point 6

現実と向き合い、今の自分の問題点を把握 ピンチはチャンス、チャンスほどピンチなのです！

自分が変われば相手も変わる

自分と向き合うことで、家族にも配慮ができるようになると私は思います。

私自身、昔は夫が何かを欲しいと言うたびに、「家計に余裕もないのにどうしてそんなことを言うの」と不満を持っていました。「私は一生懸命節約しているのに」と。家計簿をつけることで実は自分は欲しいものを買っていたことに気づき、反省して変わろうと頑張り始めました。結局、自分が変えられないと、家族も変わってくれません。家計簿をつけるようになってから、お金にまつわるケンカをしなくなりましたよ。

将来が不安なのは現在が不安だから

家計簿をつける前の私はいろいろなことが不安でした。「将来、子どもに教育費がかかるようになったとき、払っていけるのだろうか」「習い事はさせてあげられるのだろうか」「いつかは家を建てたいけれど、そんな日は来るのだろうか」「老後は大丈夫だろうか」などなど。でも、その頃の私に言ってあげたいです。「現状をちゃんと把握していないのに、未来に不安を持っても仕方がないよ」と。

家計簿をつけるようになって、今まで漠然と積み立てていた貯金も現実味が出てきました。今までは収入から天引きされる支出と思っていましたから。いくら貯まっているか、子どもの年齢に合わせてそれが足りるのかなどをある程度把握できると、不安がなくなったんですよね。

わかっていないから不安になる

子どもの習い事についても、自発的にやりたいと言われたら、そのかわりにどこかを削ろうと思っています。自動車税や車検といった大きい金額のお金も、あらかじめ準備をしたら不安はなくなりました。

わかっていないからこそ、いざというときパニックになっていらない心配ばかり。そんな日々から抜け出せたのは家計簿のおかげだなとつくづく思います。

point 7

今の生活がきちんと回っていれば、これからも大丈夫
未来に不安を持ちすぎるのはとりこし苦労です

こんな部分に不安を感じていませんか？

子どもが大きくなったら教育費をどうしよう……

↓

子どもの成長に合わせて、そのときどきに必要な「枠」を作り、削れるところを見直したいと思います。

老後の資金をどうしよう……

↓

今できることは先取り貯金、貯蓄型保険の加入など。できることから始めましょう。

突然のアクシデントどうしよう……

↓

特別費の枠に余裕を持たせることで、突然の出費に対応できるようにします。

自由なお金って本当はどんなもの？

自由なお金への意識が変わりました！

結婚前

お給料は基本的に自由に使えるお金。もちろん家賃や生活費もかかっていましたが、それ以外はお小遣いでした。

結婚後

お金をきちんと把握して、好きなものを買うためにコントロールするのが自由なお金の使い方だと今は思っています。

　結婚する前の私は本当に自由気ままにお金を使っていました。アパレル関係の仕事だったこともあり、部屋をうめつくす程の洋服を持っていたくらい。お給料はあるだけ使っていました。

　でも、今思うと、その頃は本当の意味で、お金を自由にしていたわけではないと思います。自由だと思っていただけだったのかもしれません。

　買いたいときに買いたいものを買うと言うと、一見聞こえはいいけれど、入ってくるお金には限りがあるので、将来の旅行の計画や楽しみの話になったとき、貯金ができていないことで実現できないものが多々ありました。自由にお金を使っているようで、全然自由ではないのです。

結婚して家計簿をつけるようになってからは、買いたいものをすぐに買うことは確かにできなくなりました。でも、買うために計画を立てて、お金を準備していくという楽しみができました。すぐには買えなくても、独身時代より、高価なものを買うこともよくあります。買えるタイミングがちょっと違うだけなのです。

お金についてもっと話し合って

結婚したら自由にお金を使えないというのは思い込みかもしれないと私は考えています。決めつけないで夫婦で話し合ってみるというのは大事だと思います。文句ばかり言っていても仕方がないですね。

ご主人にお小遣いを渡しているのに、それが足りなくなって追加で欲しいと言われて困るという話を聞くことがありますが、お互い、もう少し相手の立場を考えて歩み寄れば……と思います。

夫婦のケンカの原因の多くはお金のことだとよくいいます。お互いに「勝手に無駄使いして」「稼いでいるのに自由にお金も使えない」など不満をぶつけても同じケンカを繰り返すだけ。嫌気がさす前に改善していきましょう。

point 8

自由なお金＝好きなときに好きなだけお金を使うことではありません！

愚痴を言う前にまずは夫に「数字」を見せて

point 9

「無駄使いをしないで」と怒るばかりではうまくいきません まずはありのままの家計をリアルにわかってもらいましょう

「づんの家計簿」にコメントをくださる方の中に、夫婦のお金にまつわる話を書かれることがたまにあります。31ページでも書きましたが、「お小遣いを渡しているのに、その枠内でやってくれなくて本当に困ってしまう」というのはよくある話のようです。毎日のように飲みに行ったり、タバコ代がかかったり。

でも、それってご主人が家計の現状を把握できていないからという側面があるのではないでしょうか。収入はいくらで、生活費にどのくらいかかって、将来のための貯蓄がこれくらい必要で……というリアルな現状を見せてみてください。「無駄使いばかりして！」と否定してるだけでは一歩も前に進めないのではないでしょうか。

家計簿で意識が変わってくる

家計簿をつけることで、自分と向き合い、お金の使い方が変わると、自然とポジティブになってきます。そんな変化をご主人も感じれば、「頑張っているな」「自分も何か協力できることがないかな」と意識が変わってくるはず。自分が変わればご主人もきっと変わります。「づんの家計簿」がそんな関係改善に役立つと嬉しいですね。

とりあえず書く。そこからスタートしましょう

「づんの家計簿」で大切なことはお金を使ったらありのまま書き出すことです。フォーマットや字をきれいに書かなきゃとこだわらず、とにかく書いてください。私も最初の1か月の家計簿はすごく汚かったですが、そこが「家計の把握」のスタートだったと思います。「1か月の生活費を知る」ために、まずは書き出します。そこを乗り越えないと、次には進めません。だから、まずごはんを食べるように、家計簿づけを習慣化してみてください。

よく〝時間がない〟と言われますが、テレビやスマホを見る時間を10分削る、寝る

point 10

家計簿をつける時間はわずかなもの 書くことを習慣化し、家事のひとつと考えましょう

家計簿はぱっと広げられるテーブルに
らくちん

時間を10分だけずらして家計簿を書いてから寝るようにするなど、時間は作るものです。「づんの家計簿」はつけていない人程、とても時間がかかるものというイメージを持たれがちですが、だまされたと思ってつけてみたらいかがでしょう。1日に書く量が少ないことに気付くはずです。

日々の買い物の時間を考えてみてください。たとえばトマトと卵とりんごをスーパーで買ったとします。その3つをかごに入れてレジに持っていく時間より、家計簿に買ったものを書くほうがずっと時間はかからないはず。家計簿づけを家事のひとつと考えて続けられるといいですね。

家計簿づけをためても、使途不明金があっても大丈夫

1円でも財布の残金と家計簿の数字が合わないと、それが気になってすべてが嫌になってしまう……。そんな話を聞いたことがあります。でも、家計は銀行ではないですから、慣れないうちはちょっとくらいお金が合わなくても気にしすぎないで、以後気をつければよいと考え、前向きに取り組んでみてください。

家計簿をつけ始めて3年ほどになりますが、出張などのとき、帰ってからまとめてつけると、私も今でもたまに数字が合わないことがあります。どうしても合わないお金は使途不明金として処理をしています。後日、原因がわかることもしばしば。とはいえ、使途不明金の問題をそのままにしていいとは思っていません。

使途不明金がある＝ひとつの課題と考えて、対処法を前向きに考えるようにしています。

気楽に考えることが大切

使途不明金がなぜ生まれるかといえば、記入ミスと計算ミスが原因です。また、レシート（領収書）をなくしてしまった、もらい忘れた、そもそも領収書が出ない買い物をしたなども原因に。

point 11

完璧主義になりすぎると家計簿は続きません　とりあえず「続ける」ことを一番に考えましょう

ちょっとした工夫で使途不明金はなくなります！

1 領収書を入れる場所を作る

なくす原因になるので、私は領収書を財布に入れっぱなしにはしません。持ち歩いているファイルにすぐ移すようにしています。

2 レシートがもらえない買い物はすぐにメモ

自動販売機で飲み物を購入するときなど、レシートがもらえないお金を支払ったときはすぐに携帯電話のメモ機能でメモします。

領収書をなくす方は財布に入れっぱなしという場合が多いので、領収書入れを作ってこまめに移すようにしています。

領収書が出ない買い物は、忘れないうちに携帯のメモ機能を使ってメモをするとか。自分を過信せず、忘れると考えて記録しています。

家計簿づけもためないにこしたことはないけれど、具合が悪かったり忙しかったりでためてしまったときは、レシートがある分はまとめてつけて、合わなければ使途不明金にしてしまいます。

できる範囲でできることをしましょう。

粉飾決算は特別費が原因？

家計簿
- **特別費**　冠婚葬祭にかかるお金やおでかけにかかるお金など。財源はボーナスやお祝い金など。
- **生活費**　食費、日用品費などふだんの生活でかかるお金。医療費なども生活費に含めます。

特別費 ＞ 生活費

特別費が多ければ生活費に使える「枠」は小さくなり、当然、月ごとに集計しても黒字にはならない

↓

見かけの黒字が欲しくて、なんでも特別費にしていると、全体を通してみると赤字になってしまう

↓

特別費に入れてよいのは本当に特別なものだけ
ふだんの医療費や外食費は特別費に計上しない

家計が赤字になるというのは誰でも嫌なものです。できることなら黒字にしたい。みんなそう思っていると思います。

そういう気持ちが強すぎて、よくあるのが特別費を利用した粉飾決算です（家計の話なのに、ちょっと大げさな言い方ですみません！）。

「づんの家計簿」は収入を固定費と生活費、特別費にしていますが、固定費は毎月必ず支払いがあるものという定義づけがきっちりできますが、生活費と特別費は境界線があいまいです。

食費や日用品費はもちろん生活費ですが、洋服代や外食代なども特別費にしよう

point 12

特別費をなるべく少なくすることで、結果的に黒字は増えます なんでもかんでも特別費にしてはダメ

と思えばできます。収入から固定費と特別費をマイナスしたものが生活費なので、特別費が多ければ生活費の「枠」は減りますが、一見わかりづらいんですね。

特別費を増やすのは危険

特別費は別枠ですし、うちのようにボーナスから出している方も多いでしょう。そして、なんでもかんでも特別費にしていれば生活費は少なくなり、黒字に見えます。でもそれはあくまで見かけの話。ボーナスも含めた家計には当然特別費も入っていて、まさに粉飾決算になってしまうのです。

大きなものほどきちんと計画的に買う

エアコンや冷蔵庫など大きな買い物をした後は、その出費がこわくて、昔はその後1か月くらい家計簿をつけるのをやめたこともありました。大きなお金を使うことに恐怖があったんでしょうね……。

今はまず、そうした家電に使える貯金がいくらあるかを一度確認します。使う予定のあるお金を算出してみて、自分の欲しいものが本当に必要かどうかをきちんと考えて……。その間に一回、あきらめることもあります。あきらめて、それでも欲しいなら、いくらくらいお金が必要かを考えて、計画して購入するようにしています。

大もの家具、壊れたら大変です！

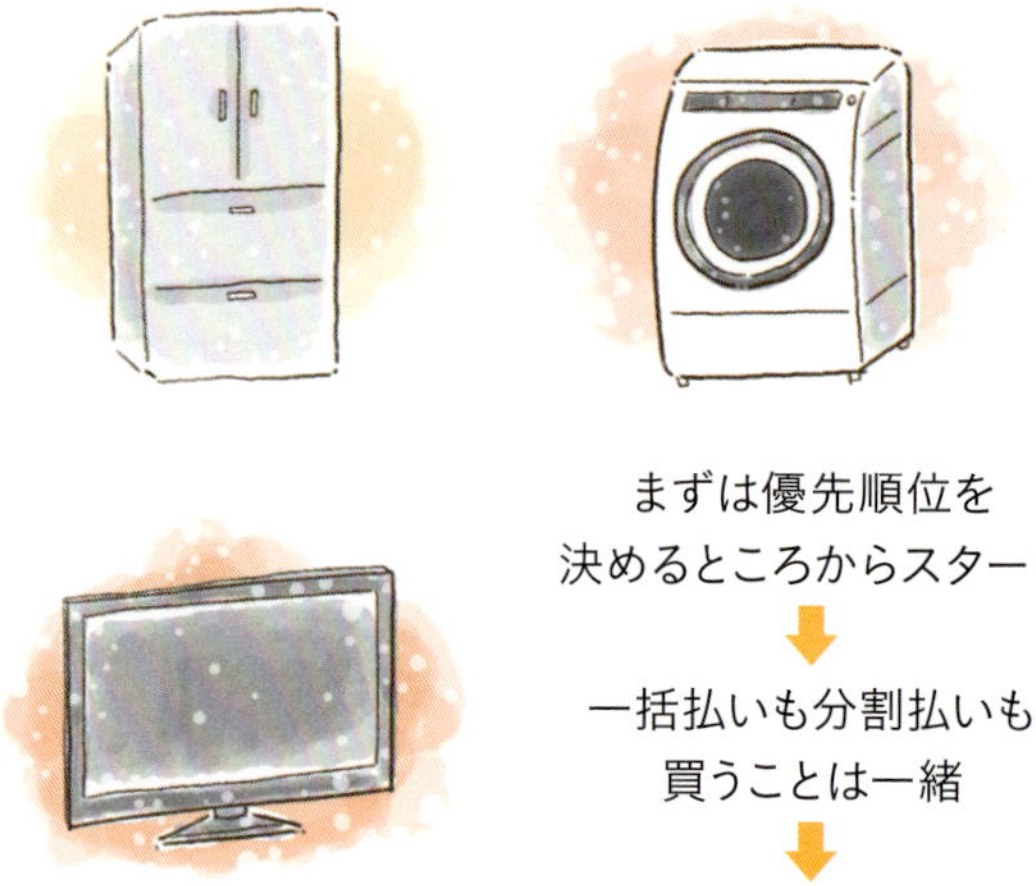

まずは優先順位を
決めるところからスタート
↓
一括払いも分割払いも
買うことは一緒
↓
利息ゼロの一括払いのほうがお得

ボーナスで衝動買いはもってのほか

とはいえ、冷蔵庫や洗濯機など家電は急に壊れるものですし、生活に絶対必要なものなので買わざるを得ません。そういうときは、今一度使えるお金を計算して、確認し、一括で買うようにしています。分割にすると心に変なゆとりが生まれて、お金を使ってしまいそうになります。一括で買ったほうが気が引き締まるのです。

大きな出費があったときはショックで、家計簿をつける気にもなれなくなりますが、そういうときこそ、家計簿が重要な役割を果たします。突然の大きな出費にきちんと備えたいですよね。

そして、出費で心がずーんと重くなったとき、挫折しそうになったときはひとつのチャンス。高い壁を乗り越えることで、家計簿の継続力もアップします。

ちなみに、私はボーナスで衝動買いなんてことは絶対にしません。大事に備えるためにもとっても慎重です。

「転ばぬ先の杖」という言葉がありますが、ボーナスはその杖のようなもの。決して臨時収入ではありません。楽しむ程度のごほうびは良しとしても、パーっと使うのはちょっとこわいですね。

point 13

お金を何にいくら使うかは心構えが大切
計画しておけばふいの出費もこわくありません

お金を使うことに罪悪感はありますか？

自分のお金の使い方が正しいか正しくないか……、それはなかなかわかりません。私のお金の使い方が正しいとは言い切れないかもしれません。

でも、家計のお金の流れを把握していなかったときほど、お金を使うことに罪悪感のようなものがありました。その月の支出を把握していないからこそ、たとえば、まとめ買いで1万円支払うと「使ったなー」と、すべての食料品費に罪悪感を持っていました。

ところが、家計簿をつけるようになってから、たとえ1万円支払って使えるお金が残り少なくなっても、貴重な残金を本当

point 14

自分が何にいくら使っているのかちゃんと把握すればお金を使う罪悪感はなくなります

に必要なものに使うようになり、自然と罪悪感がなくなりました。

把握ができていないと支払ったお金が大きいだけで、罪悪感を覚えてしまうのかもしれません。家計をきちんと把握し、どれくらい予算があるか（使えるお金がいくらなのか）わかっていれば、「その枠内なら大丈夫」と思えるので、罪悪感がなくなるんだと思います。

無駄かどうかは使えるお金も関係する

家計簿をつけるようになって、私のお金の使い方はがらりと変わりました。たとえば、予算に対してお金が残っていて、子どもが「お菓子を食べたい」と言ったらすんなり買ってあげようかなという気持ちになります。

他の方から見たら無駄使いかもしれないけれど、私は自分の中で買うことにGOを出したら罪悪感はありませんし、気持ちよく買い物できます。結局、無駄か無駄ではないかは、使えるお金にもよりますし、ひとりひとりの考え方にも関係します。

大切なのは自分にとって納得できるか否か。罪悪感を持たずにお金を使うためにも、自分のお金の出入りを見直しましょう。

収入が減ったときこそ節約の大チャンス！

生活費を見直すヒント

ストック品を買いすぎない。無駄にストックをためない。

ティッシュやトイレットペーパーをがんがん使わない。

当たり前に使っていた日用品がいるかどうかを見直す。

すぐに必要ないものをとりあえず安いからと買わない。

お茶やお菓子などコンビニでの小さい無駄使いをやめる

電気をこまめに消すなど節電、節水などを心がける

point 15

生活費の枠が減ったときこそ家計を見直すチャンス到来！使いすぎや無駄が見えてきます

夫が配置転換になったことが原因で手当が減り、月収が5万円ほど減ったことがあります。5万円は大きいですから、家計は一気に赤字に転落しました。マイナス分は貯金で補填しつつ、「この予算でやるしかない」と覚悟を決めて頑張りました。

たとえば朝食。パン派でバナナは必須な家族に、まだお米のストックがあるときは、パンをがまんしてもらって（買い足さず）おにぎりにしたり。以前、お米は10キロ単位で購入していましたが、5キロ単位で購入しても金額は変わらないと気づき、5キロで買うように。残量も意識して、もともと私自身お米好きでばくばく食べていたけれど、夫と子どもたちの分だけの量を炊いたり、自分の食べる量を減らしたり。結果的にダイエットにもなりました。おかずにかさ増しできるようなものを混ぜたりもしました。ありとあらゆる手段で生活水準を落とす努力をしました。これは、低水準を知れるよい機会でもありました。

小さな無駄を見直すことが大事

ひとつひとつは小さな努力でもちりも積もれば山となるです。当たり前のようにしていた小さい無駄を省くだけで、確実に生活費は減らせます。生活費の枠が減ったときこそ、見直しするチャンスなのです。

Part 2

だからお金が貯まるづんの1か月

家計簿は生活を映し出す鏡のようなもの。
ふだんどんなことを考えて生活し
買い物をし、お金を使っているのか……。
1か月間の私の生活&家計簿をお見せすることで
「づんの家計簿」をより身近に感じていただけたならと思っています。

Fresh&rich
meatball

金

9/1

1か月のスタート
わかっている固定費と予定を書き出します

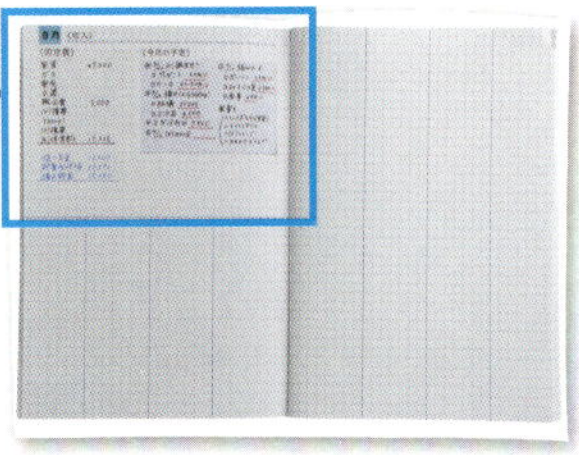

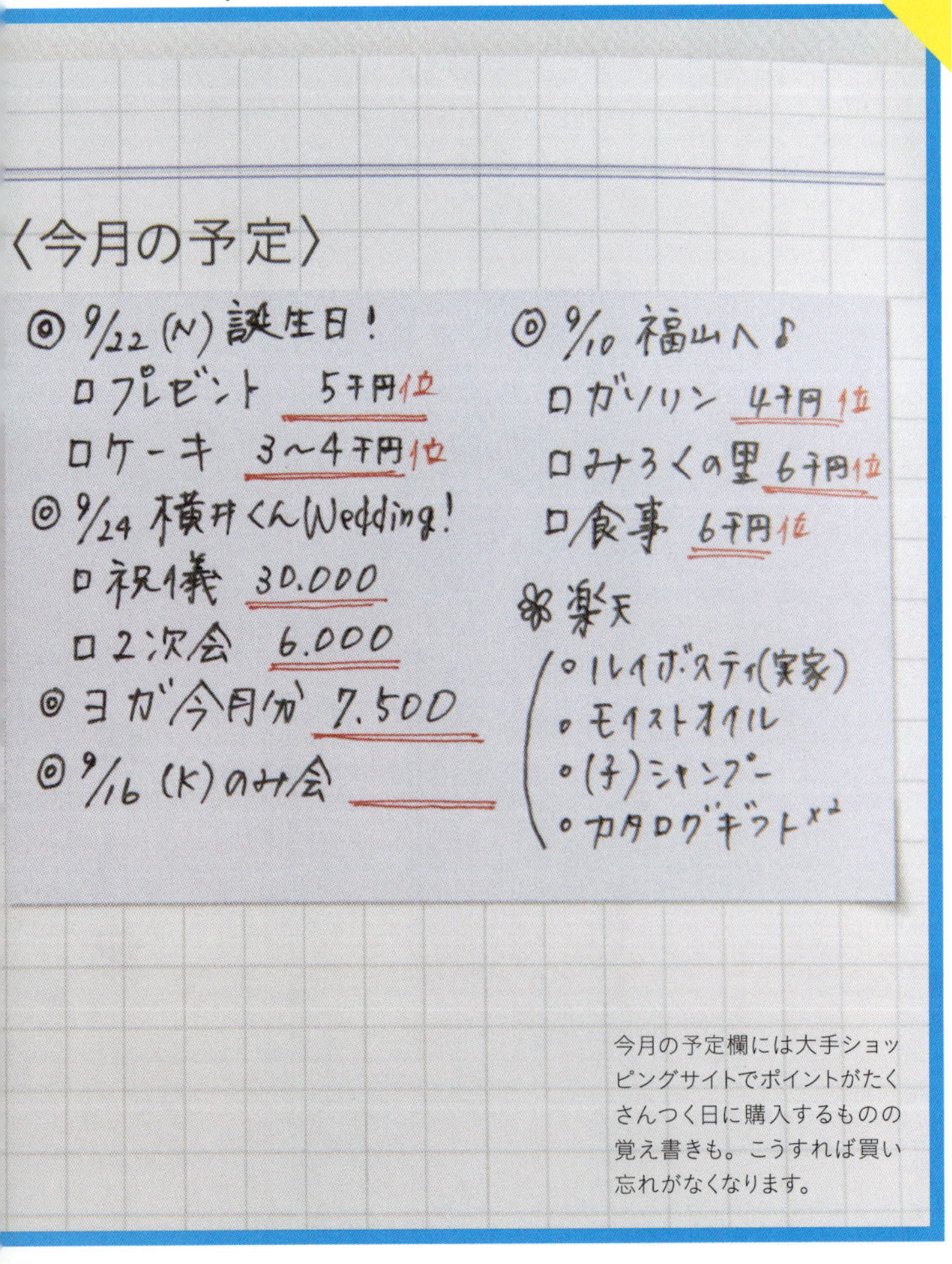

今月の予定欄には大手ショッピングサイトでポイントがたくさんつく日に購入するものの覚え書きも。こうすれば買い忘れがなくなります。

□現金
□カード
□その他

使ったお金
0円

上書き合計
0円

ケイ線の書き方

ケイ線を引くときはボールペンのペン先を定規に当てるとインクがついて広がってしまうことが。ボールペンは立てて持ち、ペン先の横を定規に当てて使います。

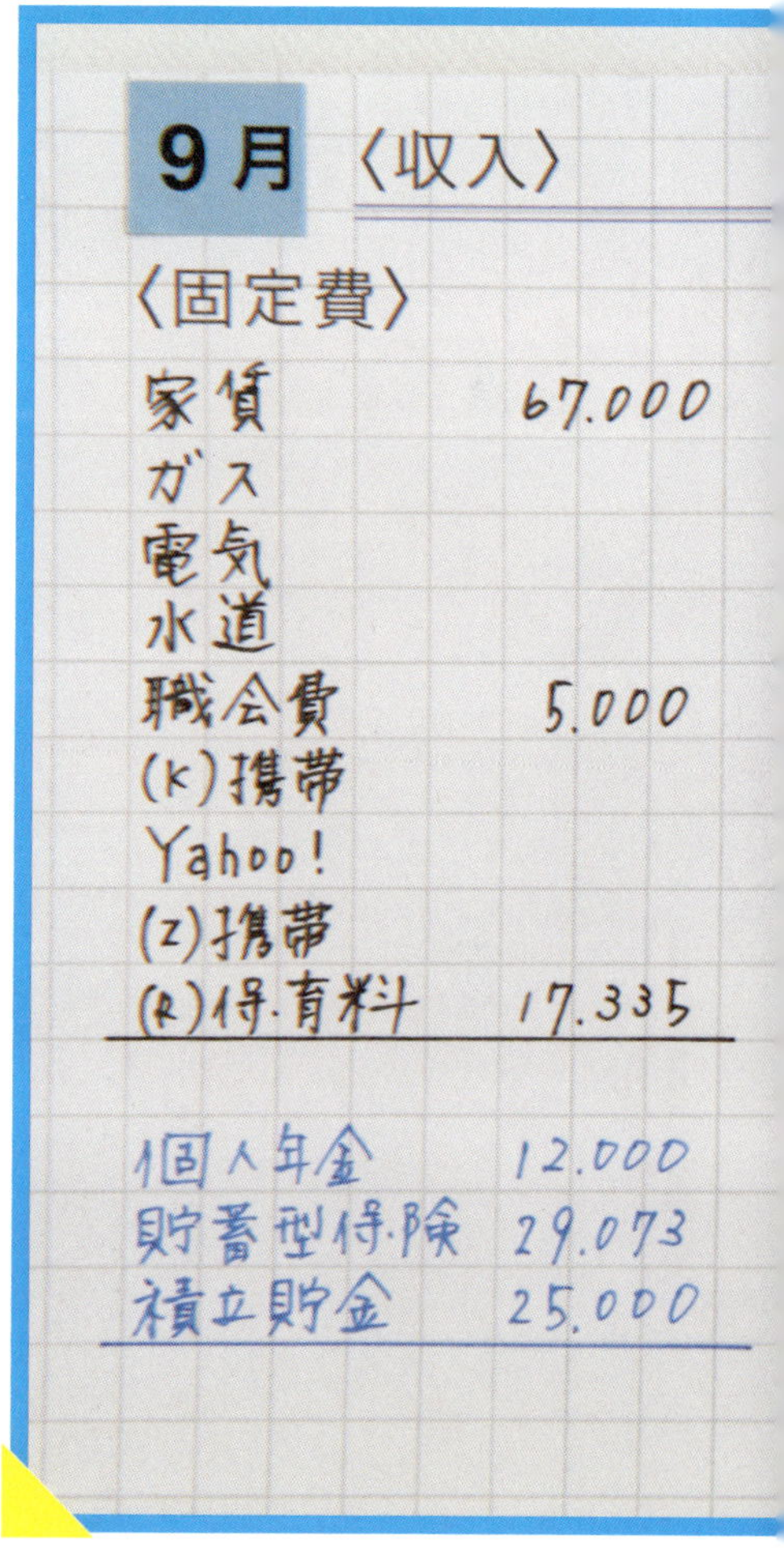

カレンダーを確認しつつ頭を整理する

前の月が終わって新しいひと月がスタートです。以前はケイを引くところから始めていましたが、３人めの子どもが生まれ、時間の短縮をはかり、今は『づんの家計簿ノート』を使っています。パッと開けばすぐ始められてとっても便利です。決まっている固定費を書き、家族みんなの予定を聞いて書き入れます。カレンダーを確認し、頭の中を整理するという感じですね。

土 9/2

まとめ買いは10日に一度 お金のある月初は必ず行きます

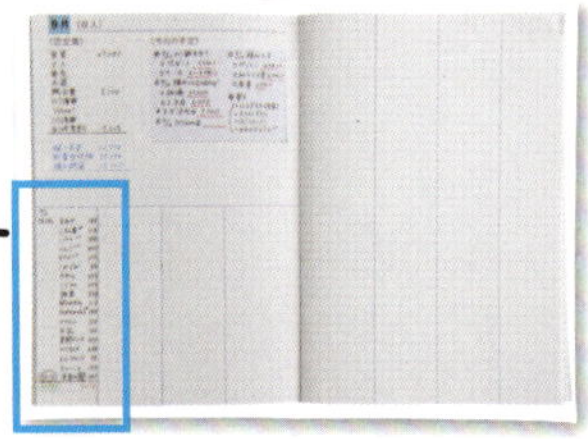

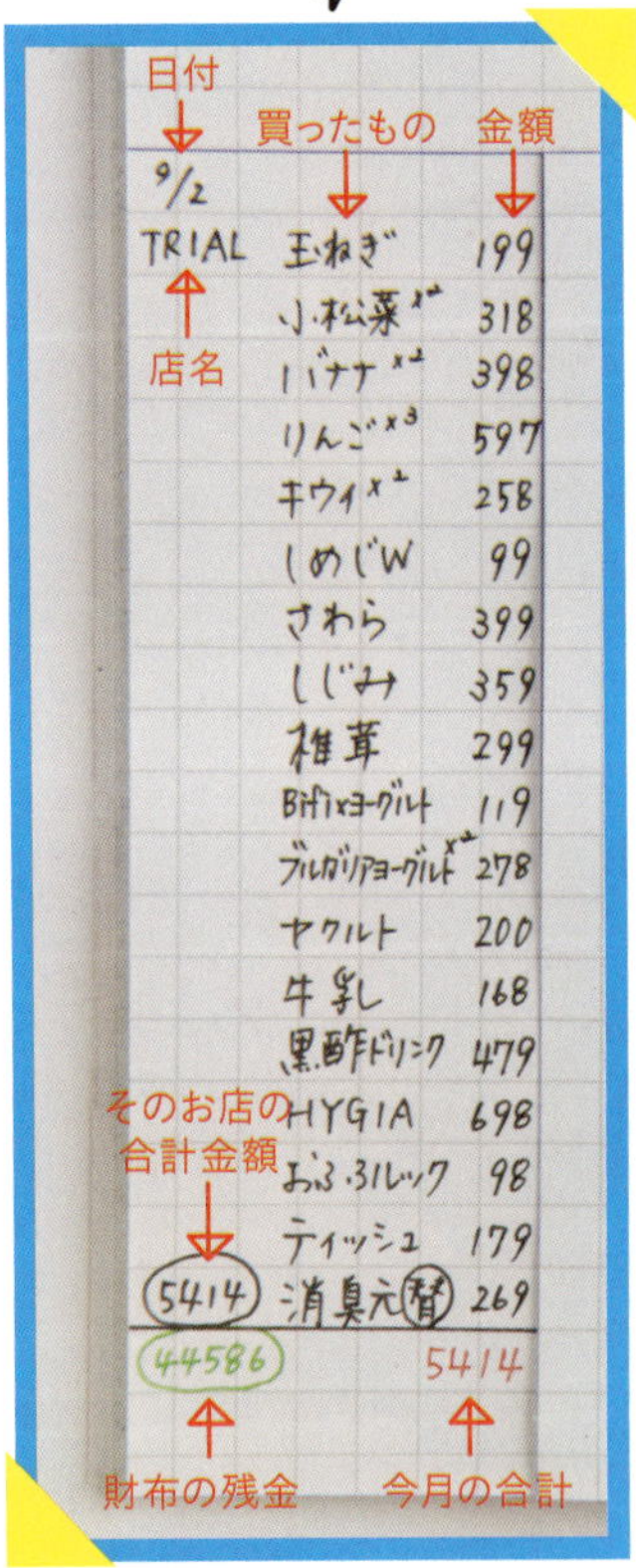

予算が復活する月初はどんどんとまとめ買い

前月末に買うものをリストアップして、予算以外の出費はしないようにしているので、月初は必要なものをまとめ買いします。まとめ買いするときは夫と一緒にスーパーに行くことが多いのですが、夫にも「今日はたくさん買うからね」と宣言するほど。月の頭は予算が潤沢ですから、日用品などを含めて一気に買い物します。たとえば、前月ハンドソープなど残り5日の段階で切れたとしてもすぐに買わず、お風呂に置いてある石鹸で代用し、月の頭までしのぎます。こういうちょっとした〝ちりつも〟を意識できるのも「づんの家計簿」の特徴のひとつです。

☑現金
□カード
□その他

使ったお金 5,414円

上書き合計 5,414円

食料品以外の洗剤やティッシュペーパーなどの日用品も月初に買います。

Point!

税込み価格と税抜き価格
見た目の安さに
だまされないで！

378円（税抜き） VS 398円（税込み）

どっちが安いのか、ぱっとわかりますか？

値段表示の仕方は店によって異なり、税抜き表示の店もあれば税込み表示の店もあります。税抜き表示はパッと見安く見えますが、税抜き 378 円は税込みでは 408 円となり、税込み 398 円より高いのです。今後消費税率が上がることを考えても、税抜き表示には税がプラスされることをいつも頭に入れておきましょう。

日

9/3

ガソリンは月初は満タンに 月末は少しずつがづん家ルール

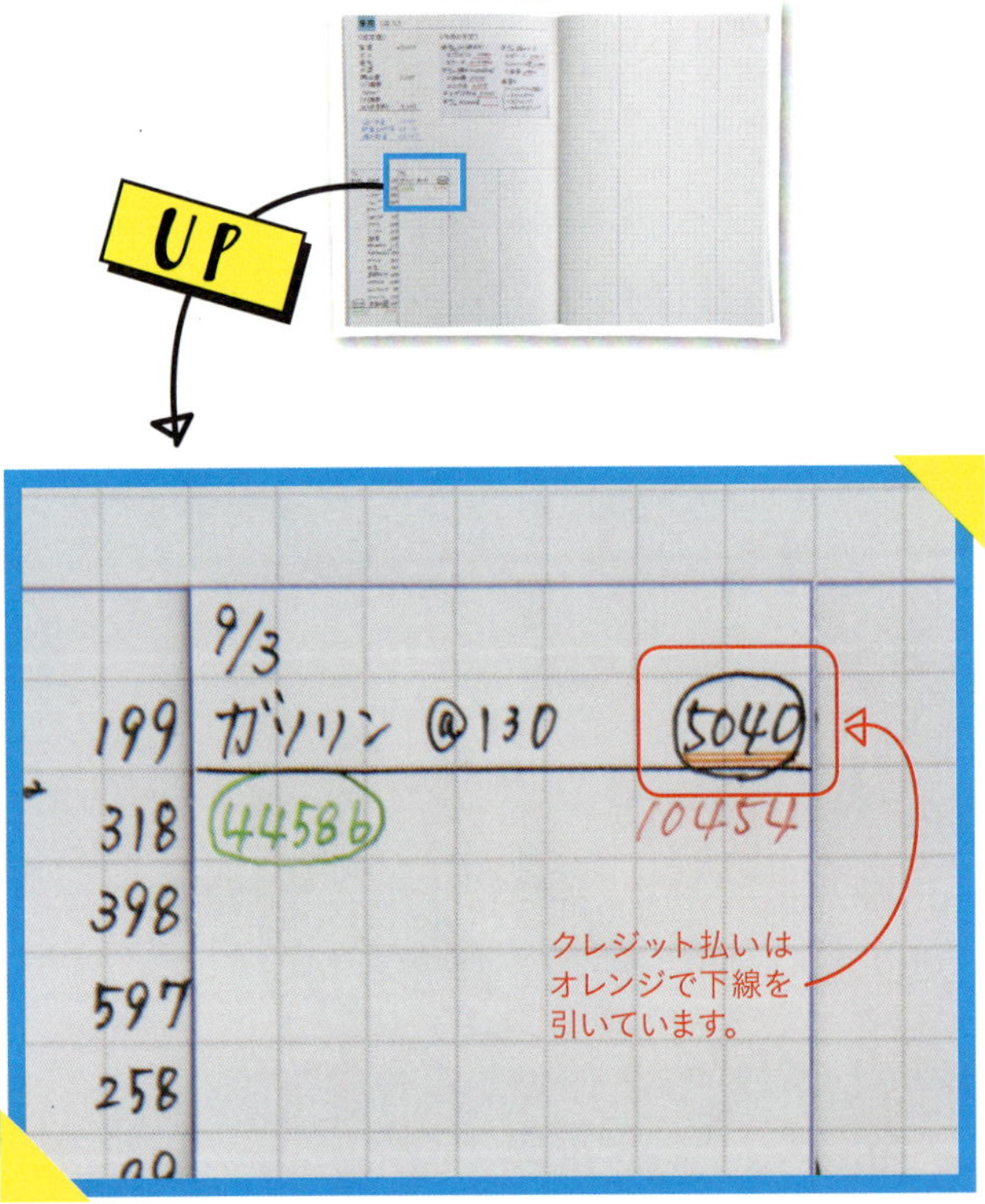

月の頭には2台共満タンに

買い物と同じでガソリンも月初には満タンまで入れます。我が家のあたりは土日にガソリンの価格が安いことが多いので、月初の土日に入れることが多いですね。我が家には2台車があるのですが、2台とも満タンにします。2000円くらいずつ入れる方も多いと思いますが、うちでは月初に満タンにし、その後は少しずつ入れていきます。月末には500円単位で入れることもあるくらい。ガソリンは夫が入れることが多いのですが、彼も気にしてくれています。

- □現金
- ☑カード
- □その他

使ったお金 5,040円

上書き合計 10,454円

今月の予定に遠出をする場合はガソリン代を書いておくほど、車主体の移動になります。

Point!

カード払いは**ポイントが貯まるスタンド**で

どのスタンドで何のポイントが貯まるかは夫がきちんと把握しています!

クレジットカードは 1枚にしぼります

使うカードはポイントを集中して貯めるために基本的には1枚にしています。ガソリンももちろんカード払い。また、スタンドによっては楽天やポンタポイントが貯まるところもあり、必要に応じてスタンドを使い分けています。

月
9/4
お中元のお礼に…実家へプレゼント 子どもたちの写真をつけて

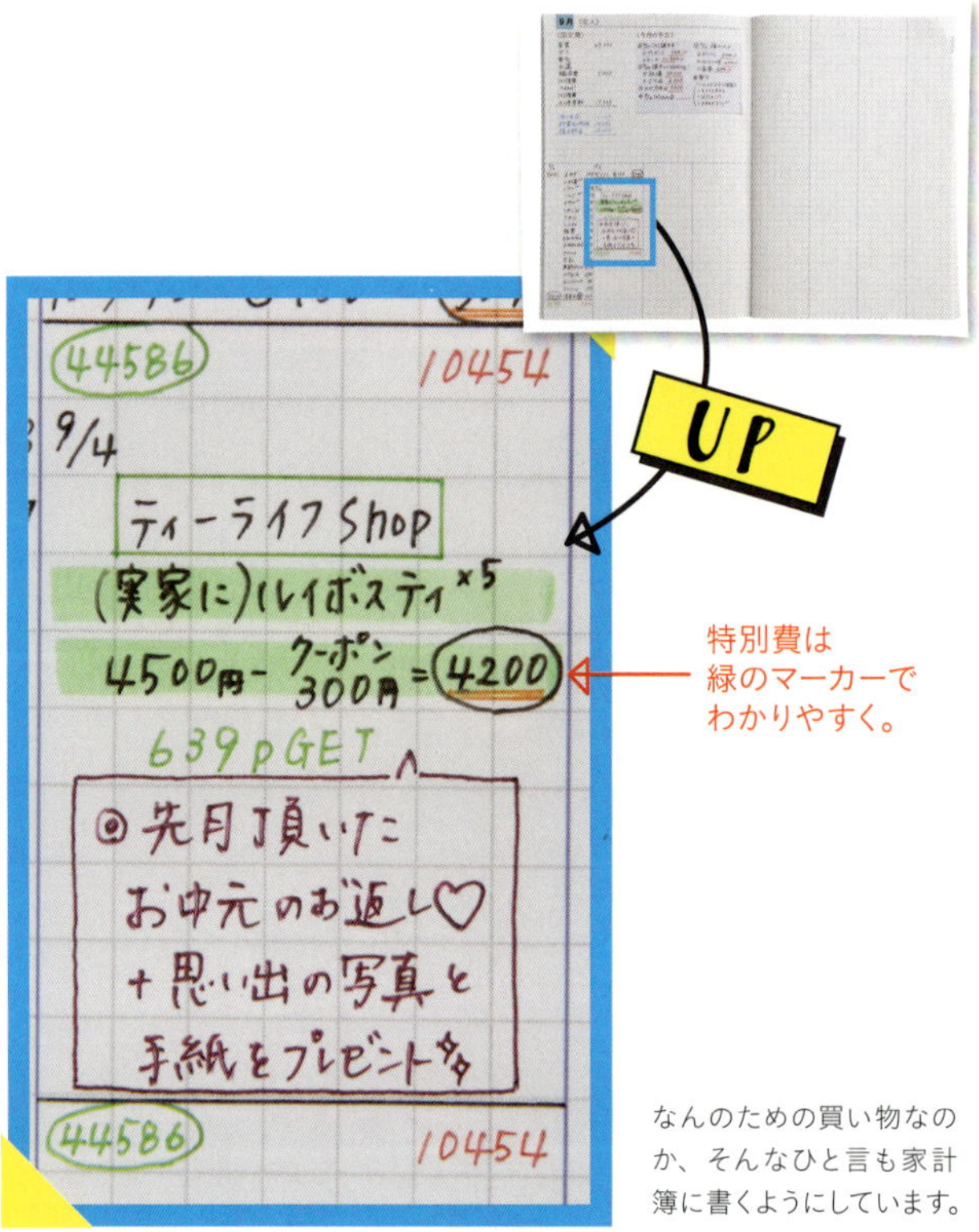

特別費は緑のマーカーでわかりやすく。

なんのための買い物なのか、そんなひと言も家計簿に書くようにしています。

お返しは物ではなく気持ち

私の実家からは折につけ、いろいろなものが送ってきます。私は鹿児島生まれなのですが、名物のさつまあげとか、(父が勤めている)肉加工品メーカーのソーセージとか。とてもありがたいなと思います。ただ、母が「お礼はいらない」と言うので、大それたお礼は送っていません。それよりも家族の写真や手紙など、心の伝わるものを送るよう、心がけています。距離が離れていて、なかなか孫に会わせてあげられないので、せめてもの思いなのです。

□現金
☑カード
□その他

使ったお金 4,200円

上書き合計 10,454円

※実家への贈り物代4,200円は特別費のため上書き合計には加算しません。

実家への贈り物
私はルイボスティーが定番です

手紙や写真を送るのはもちろんですが、それ以外にルイボスティーを送っています。ルイボスティーはもともと我が家で飲んでいたのですが、実家の父母も気に入ってくれて、それ以来、定期的に送っています。お中元などのお返しのときはいつもより多めに送ることも。定番の贈り物を決めておくと便利ですよ。

ルイボスティーを購入するネットショップもいつも一緒のところです。

お返しのときだけでなく、実家には折につけ手紙＆写真を送っています。

火
9/5

自分の体を整える その大切さを実感しています

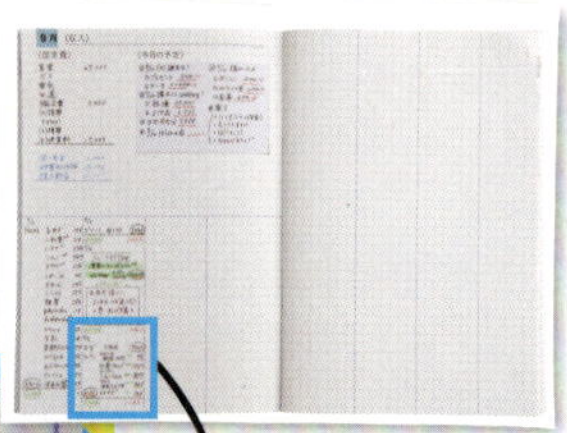

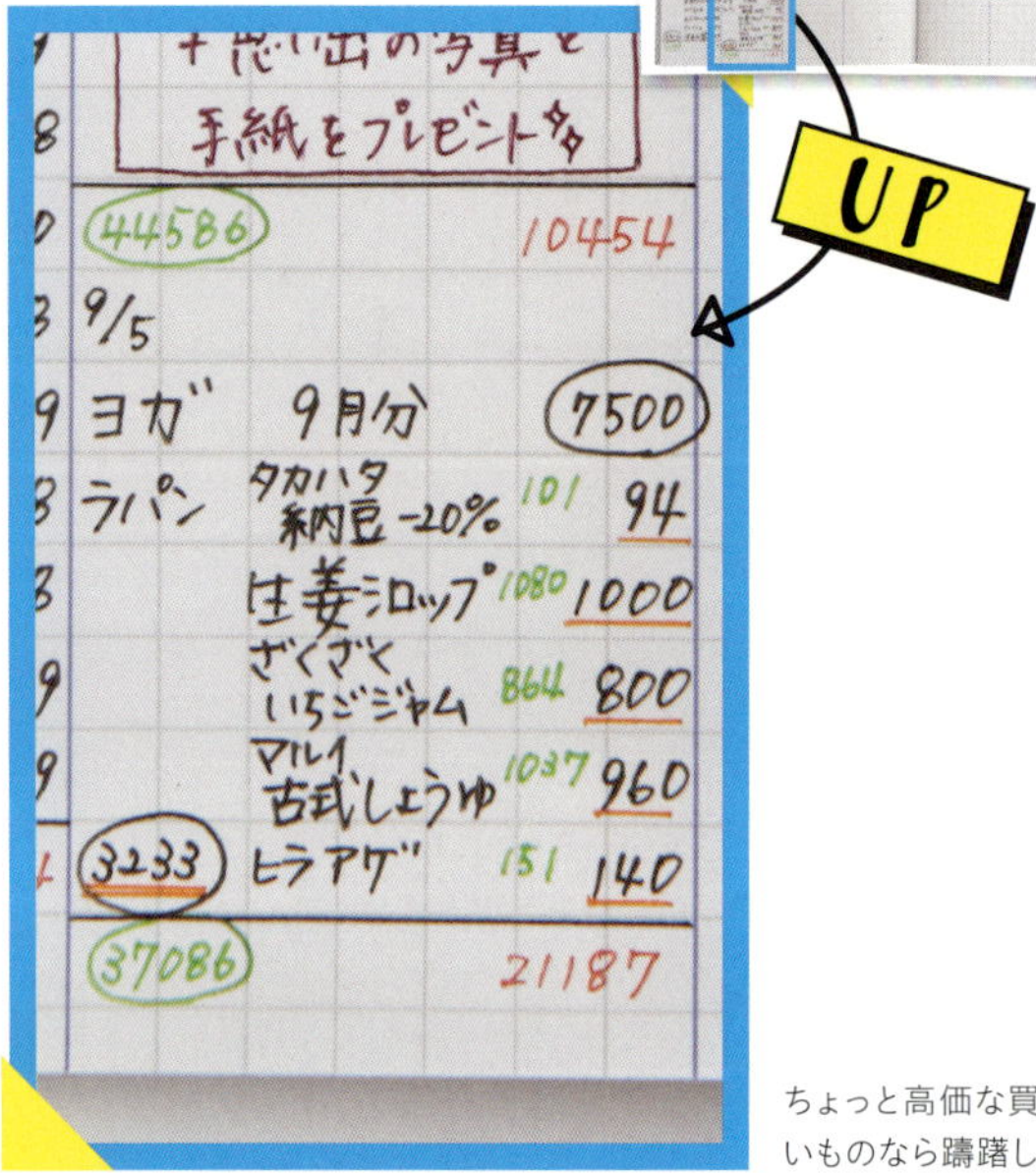

ちょっと高価な買い物もよいものなら躊躇しません。

☑現金
☑カード
□その他

使ったお金
10,733円

上書き合計
21,187円

自分に投資できるようになった

家計簿をつけるようになって金銭面が整ってきたら、いろいろなものに目が向くようになりました。そのひとつが体のこと。3人の妊娠出産、産後は寝不足と自分の体はいつもお疲れさま状態。ゆがんだ骨盤を整えるためにヨガに通うようになり、歯医者にも行っています。自分の体のメンテナンスに使うのは気持ちがいいお金だなと思います。家計簿をつけることで無駄がなくなり、自分への投資にお金を使えるようになりました。食材選びも楽しんでいます。

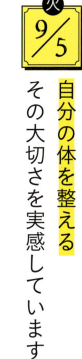

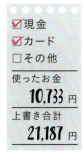

こだわりのスーパーへ。調味料などはここで調達しています！

ラパンはこだわりの品が置いてあるスーパー。調味料コーナーが特にお気に入り。今度はこれを試してみようと選ぶのが楽しいです。

ヨガに通い始めました！

月に4回程ヨガに通っています。腰痛持ちで肩こりもひどく、何より産後太りも気になっていました。ヨガを始めてから、食生活も今一度意識し見直したことで、8キロのダイエットに成功しました。これからも続けたいです。

ひらもとヨガサロン

水
9/6

毎日お金は使いません
今日はノーマネーデー

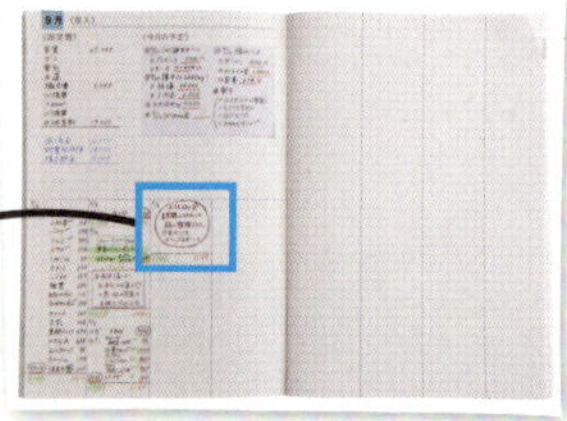

UP

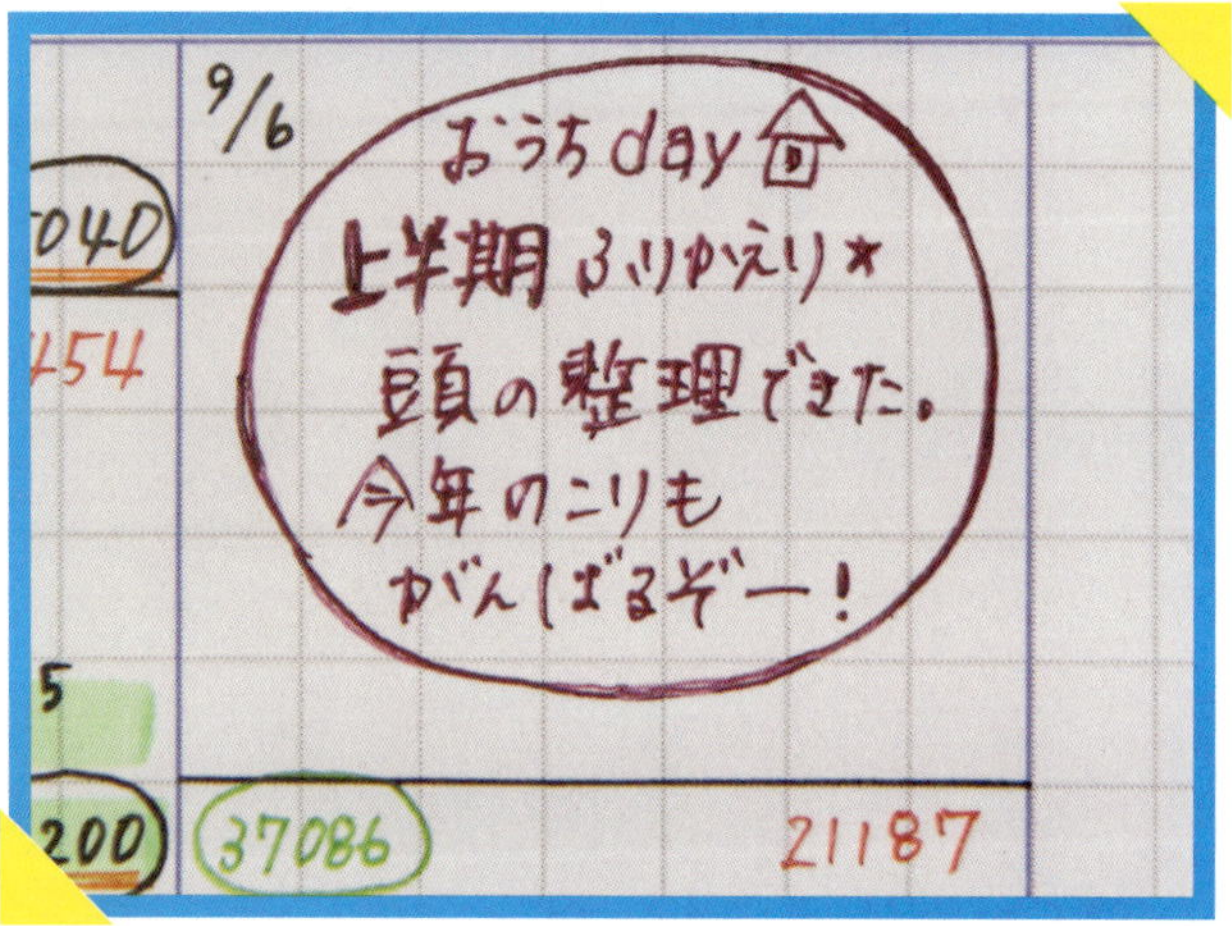

☐現金
☐カード
☐その他
使ったお金
0円
上書き合計
21,187円

お金を使っていないから
上書き合計は一緒

10分でも時間があれば家計簿づけ

月に何回か家計簿を見直し、お金の使い方やこれからのことを考える時間を作っています。お金を使わない日も多いのですが、そういうときは日々の家計簿ではなく、特別費の見直しなどをすることも。家計簿づけは家事のひとつ。家計簿セットはひとつのかごに入れて、持ち運べるようにしています。

加えて、テーブルはいつもきれいに片づけるようにし、10分でも時間があったらすぐに家計簿が広げられるようにしているんですよ。

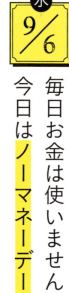

家計簿を見直していると心がスーッと落ち着いてきます。

Point!

5分でも10分でも時間がちょっとあったら家計簿をつけます

お昼寝タイムは家計簿タイム

次男がお昼寝しているときは家計簿をつけるチャンス。上の２人が遊びに夢中になっているときも狙い目です。子育ては時間との闘いでもありますが、時間は作るもの。ちょっとした時間を見つけることが大切です。

Column 1

私を導いてくれた母のノート

小さな頃から母の書いたノートを見るのが大好きでした。きちんときれいに色分けされて、とても見やすくて、ところどころに手書きの図式も入っていて。今、こうやって手書きの家計簿をつけている原点は母のノートなのかなと思います。

パソコンもいいけれど、紙に書いた文字には自分でしか出せない「味」のようなものがあるのではないでしょうか。私が母のノートに影響を受けたように、子どもたちも紙に書くことを好きになってくれたらいいなと思っています。今年の誕生日のリクエストがステーショナリーだったので期待しちゃいますね！

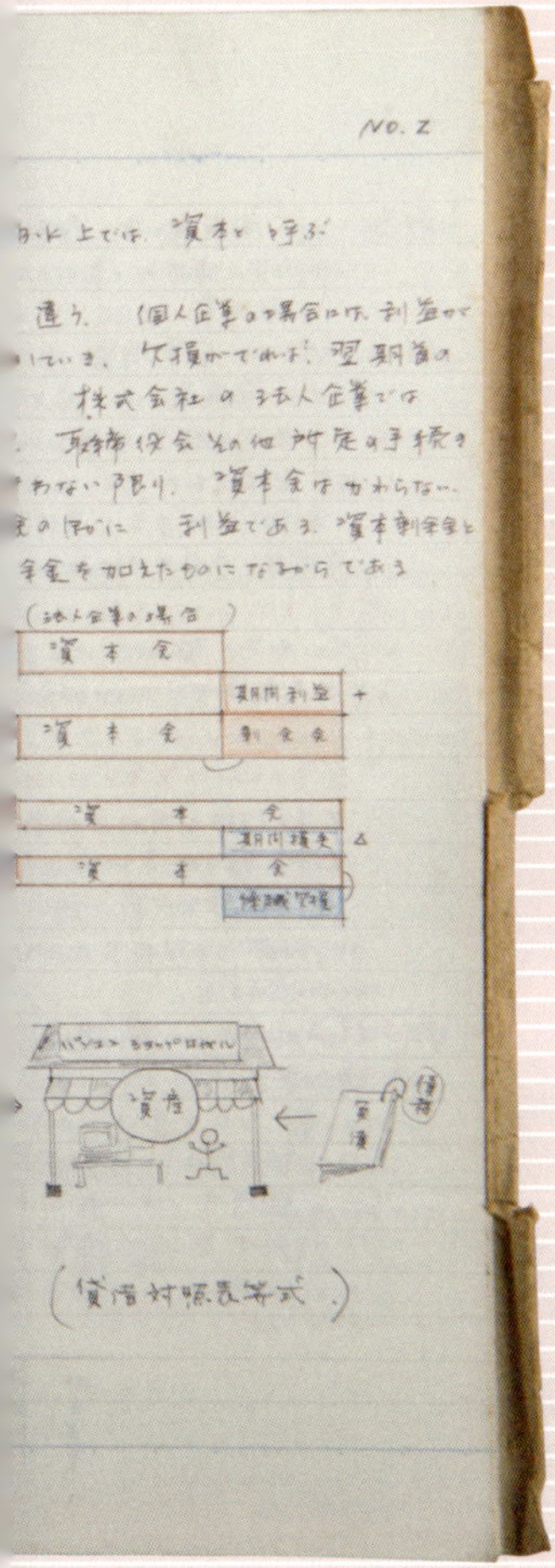

ヴィンテージ感がたまらない私の宝物。

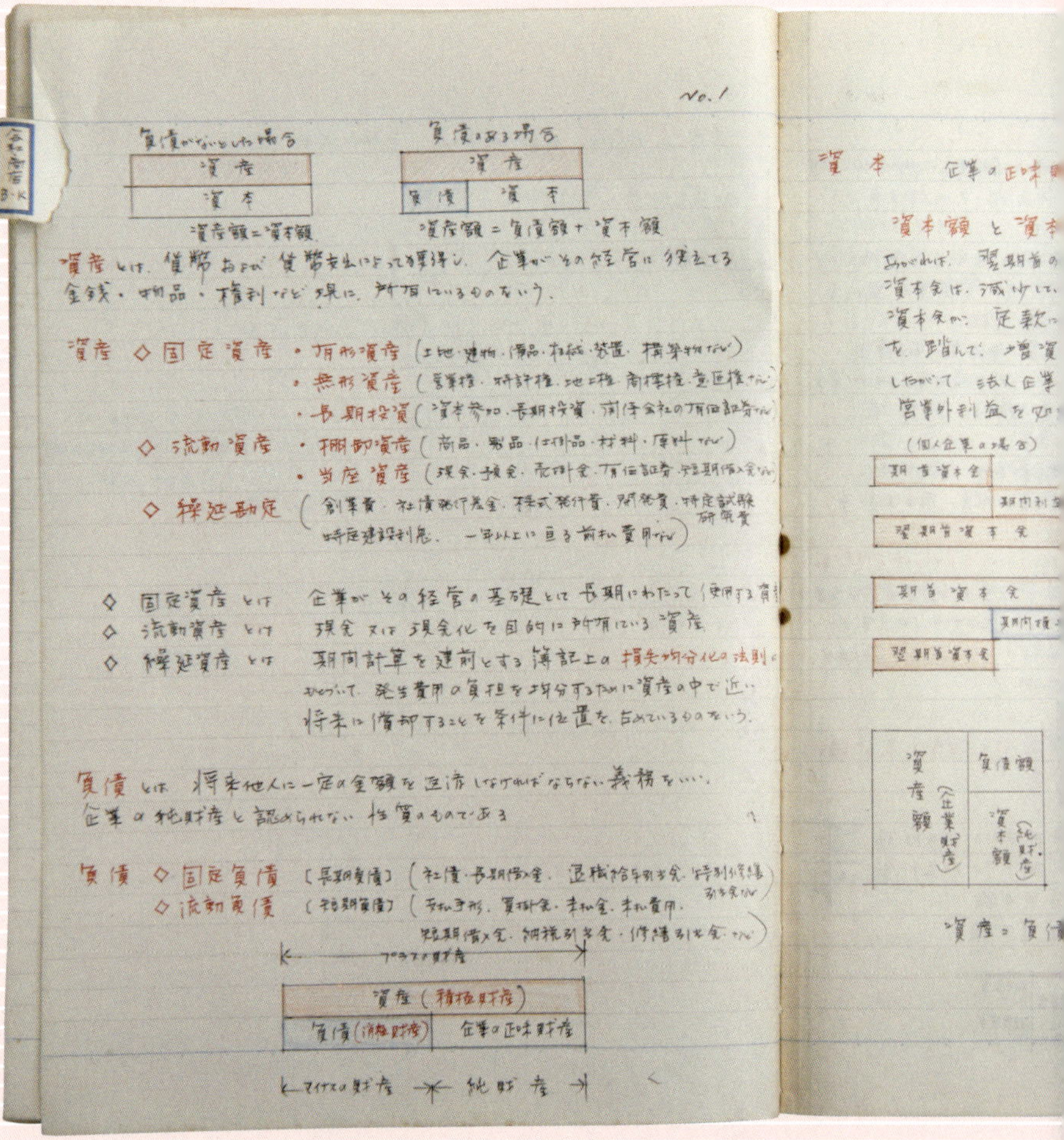

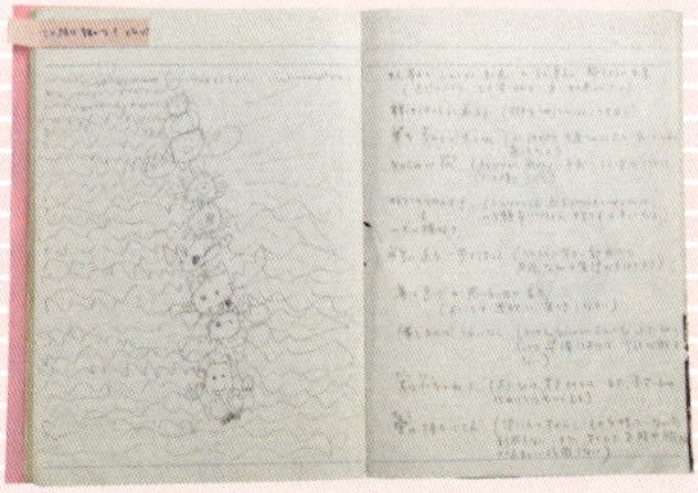

私の描いた落書きも残っています。

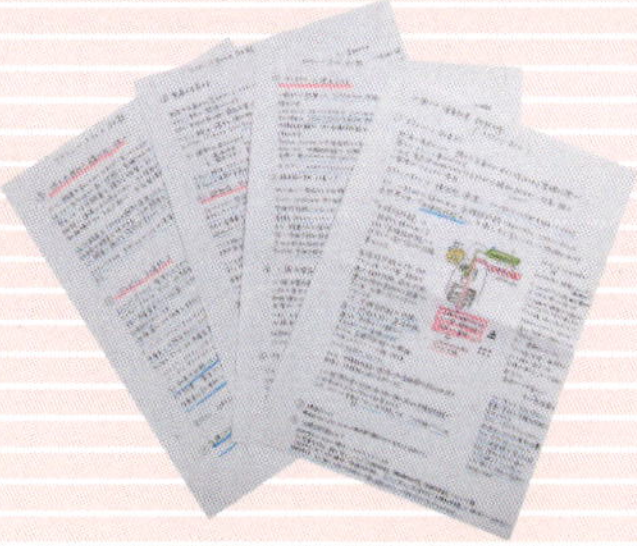

色分けの仕方がどこか私と似ています。

木
9/7

子どもたちと一緒に特別費用のお財布を手作り

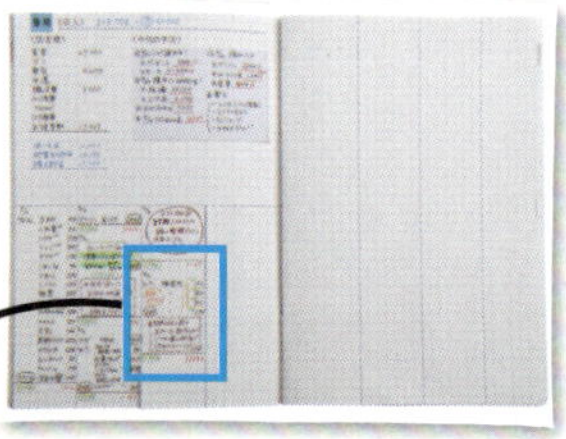

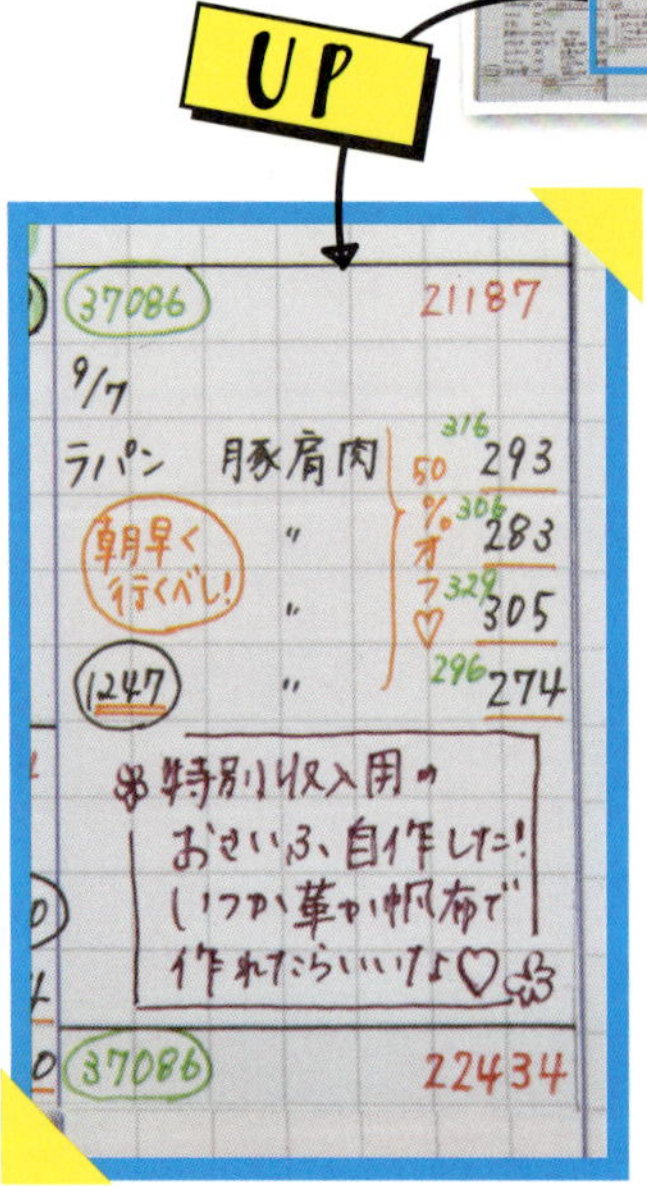

手作りでアイデアグッズを！

特別費は別会計なのでお財布の中に、特別費用のお財布を手作りして入れて生活費と区別しています。収入のうち、臨時収入は特別費にあてたり、ATMに行けなかったときなどに対応するために、自宅保管して貯めてあります。だいぶ貯まってきたときに、1万円札、5千円札、千円札がどのくらいあるかを把握しやすい財布やポーチを探しましたが、「これ！」というものに出合えず、いっそのこと作ってみようとなりました。

ふとしたときに思い浮かぶアイデアは、まずは紙で作ります。私が作っているところを見たからか、息子も欲しいものがでてくると、まずはちらしや新聞紙で作るようになりました。できあがったときの満足気な表情を見ると、嬉しくなります。

☐現金
☑カード
☐その他

使ったお金
1,247円

上書き合計
22,434円

特別費用 財布 in 財布の作り方

特別な材料は使わないので、誰でもすぐにできます。

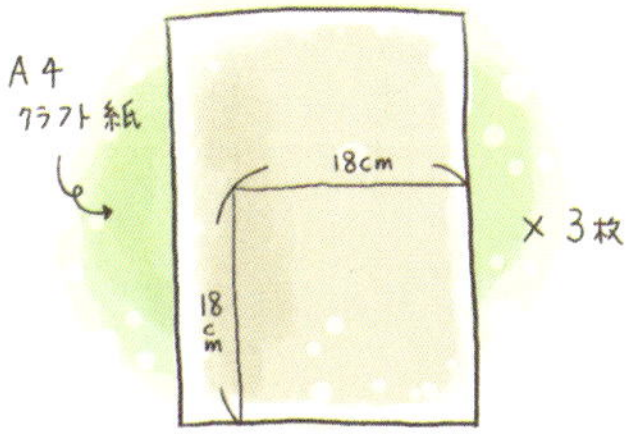

1 A4のクラフト用紙を３枚用意し、18cm×18cmの正方形にカットします。

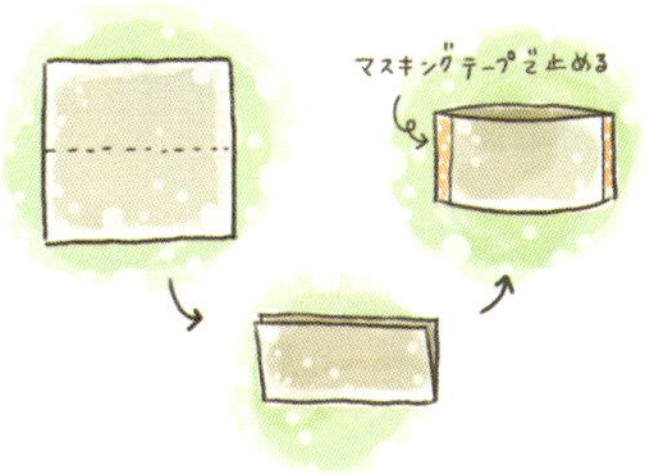

2 1を半分に折り、横を好みのマスキングテープで止めます。同じものを３つ作ります。

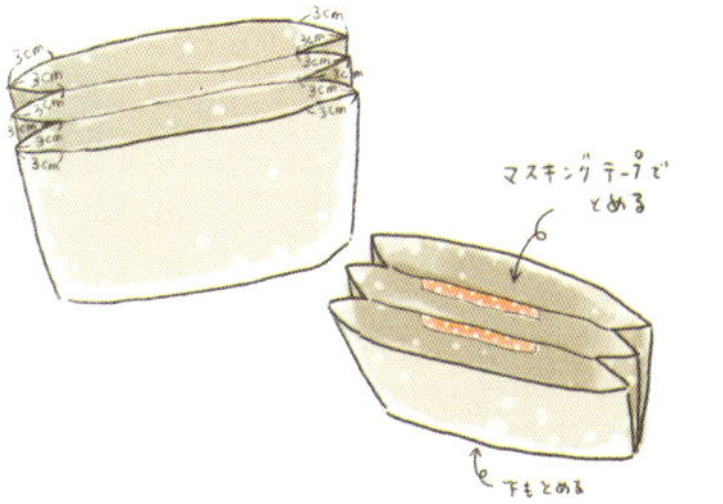

3 両端を3cm程あけて、３つをのりづけし、上の部分をマスキングテープで止めて強化します。

4 好きなようにインデックスを貼れば完成です。

金

9/8

POINTが貯まる日にストック品をインターネットで！

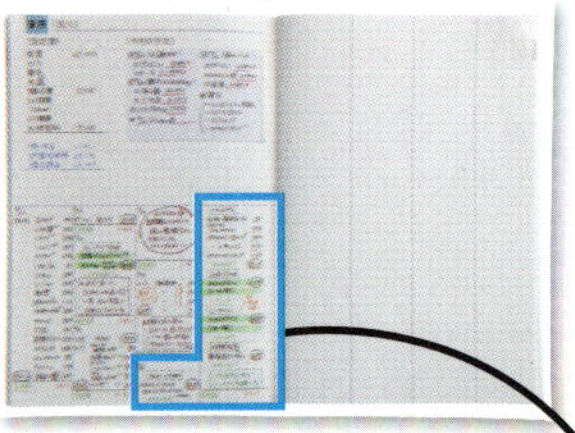

UP

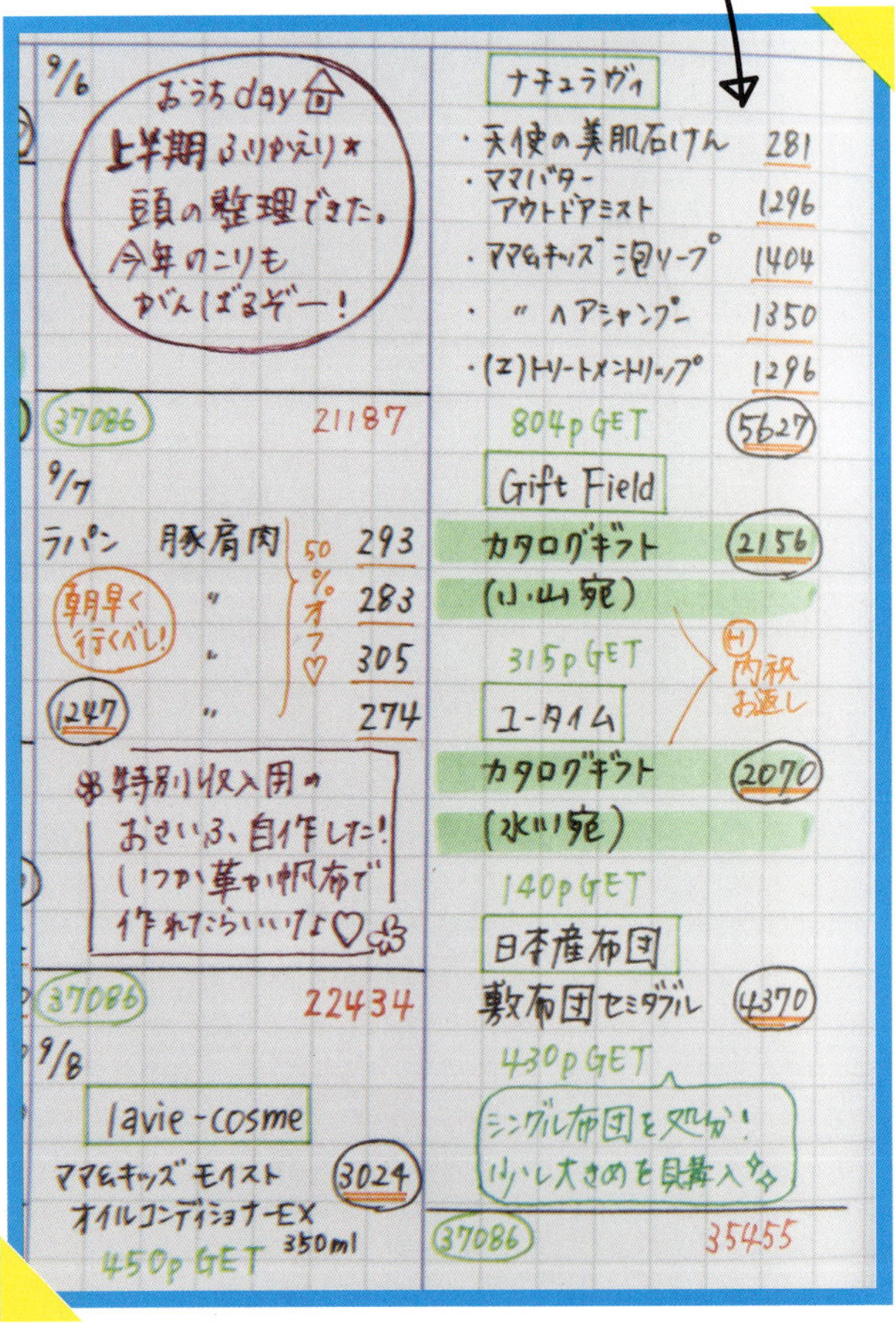

※カタログギフト分 4,226 円は特別費のため上書き合計しません。

□現金
☑カード
□その他

使ったお金
17,247 円

上書き合計
35,455 円

ポイントアップデーにまとめ買い

よくインターネットで買い物はしますが、こまめにという感じではありません。月に何回かあるポイントアップセールなどのときに、まとめ買いをするようにしています。それまで欲しいもの、買うものを吟味しておいてお気に入りリストに入れておきます。

ポイントは貯めたいけれどよけいなストック品は買いません

ポイントアップデーは確かに魅力的です。購入するお店にもよりますが、10～20倍のポイントがつくことも。でも、だからといって無駄なものを購入するのは、結果的に「お得」な行為とはいえないのではないでしょうか。

買い物の目的はポイントを貯めることではありません。

必要なものを必要なだけ購入し、できる範囲で最大限ポイントを貯めていくというのが私の今の考え方なのです。

ストック棚は常に整理し、余裕を持たせるようにしています。

ポイントアップでしかもいつもより安いと、誘惑されて「いつか必要になるもの」を大量買いしたくなってしまうものですが、あふれ出るストック品は百害あって一利なし。「お得」に振り回されないようにしましょう。

土

9/9

デイリーの食料品を買いに近くのスーパーへ

日常品はちょこちょこ買い足しています

日々の買い物は歩いていける近くのスーパーで調達することが多いです。子どもが生まれてから朝食に果物を3種類は食べるようになったこともあり、野菜と果物の消費が増えました。

子どもたちも買い物に行くとカートを押したり、旬の果物を「何がいいかなー」と考えたりと、一緒に買い物を楽しんでいます。

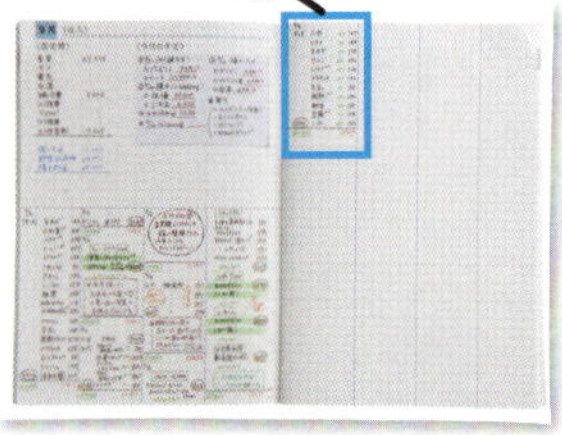

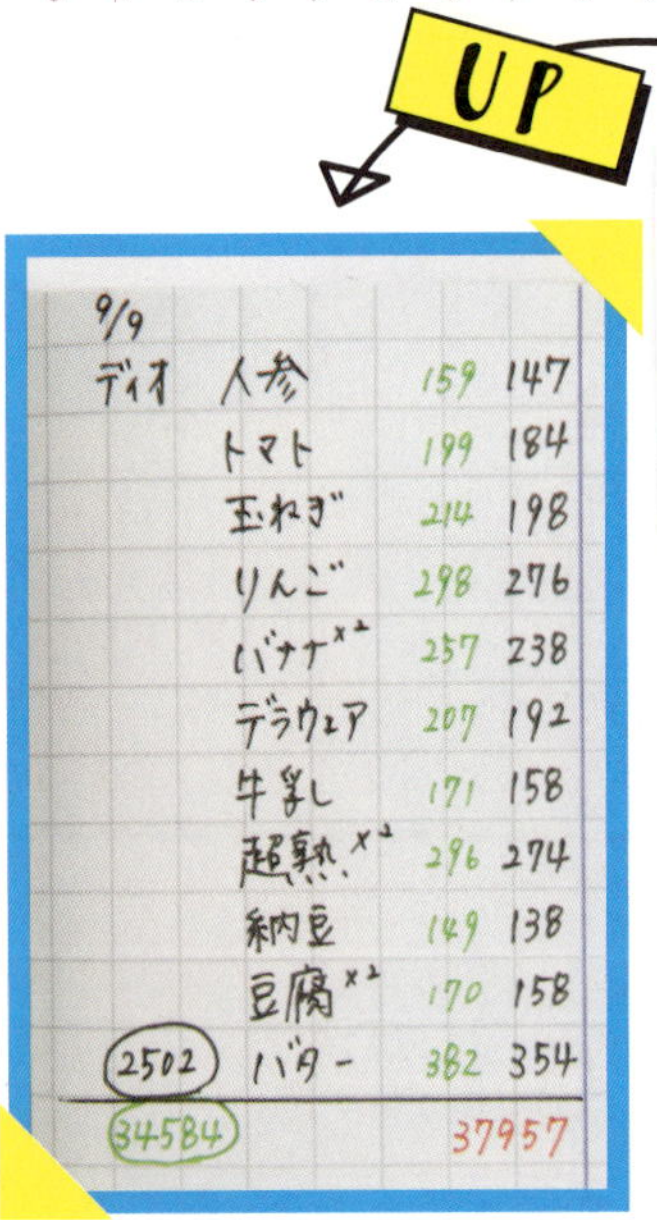

9/9			
ディオ	人参	159	147
	トマト	199	184
	玉ねぎ	214	198
	りんご	298	276
	バナナ×2	257	238
	デラウェア	207	192
	牛乳	171	158
	超熟×2	296	274
	納豆	149	138
	豆腐×2	170	158
2502	バター	382	354
34584			37957

Point!

買ってきたらすぐに整理を

棚や冷蔵庫はきれいに

食品も日用品も購入したら冷蔵庫はあふれないようにすぐに整理します。常に可視化できるように棚や冷蔵庫を整理すれば忘れません。また、夫の両親からもよく食材をいただくので、料理は「あるもので組み合わせ」なことが多いです。

☑現金
☐カード
☐その他

使ったお金 2,502円

上書き合計 37,957円

ゆっくりできる日は子どもたちと思い切り遊びます

体をはった遊びは夫の担当ですが、私も時には運動を兼ねて飛行機やヨガを一緒にします。絵本の読み聞かせは子どもたち自身が絵本を読むことを好きになってほしくて、0歳から始めました。

子どもたちが遊ぶ横で私は家計簿

私が家計簿をつけている横で子どもたちがお昼寝したり遊んでいたりというのは我が家のいつもの光景です。

日 9/10

家族でおでかけ 月に2〜3回はでかけます

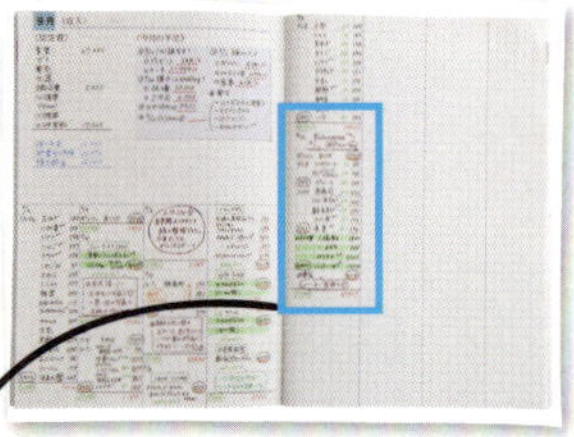

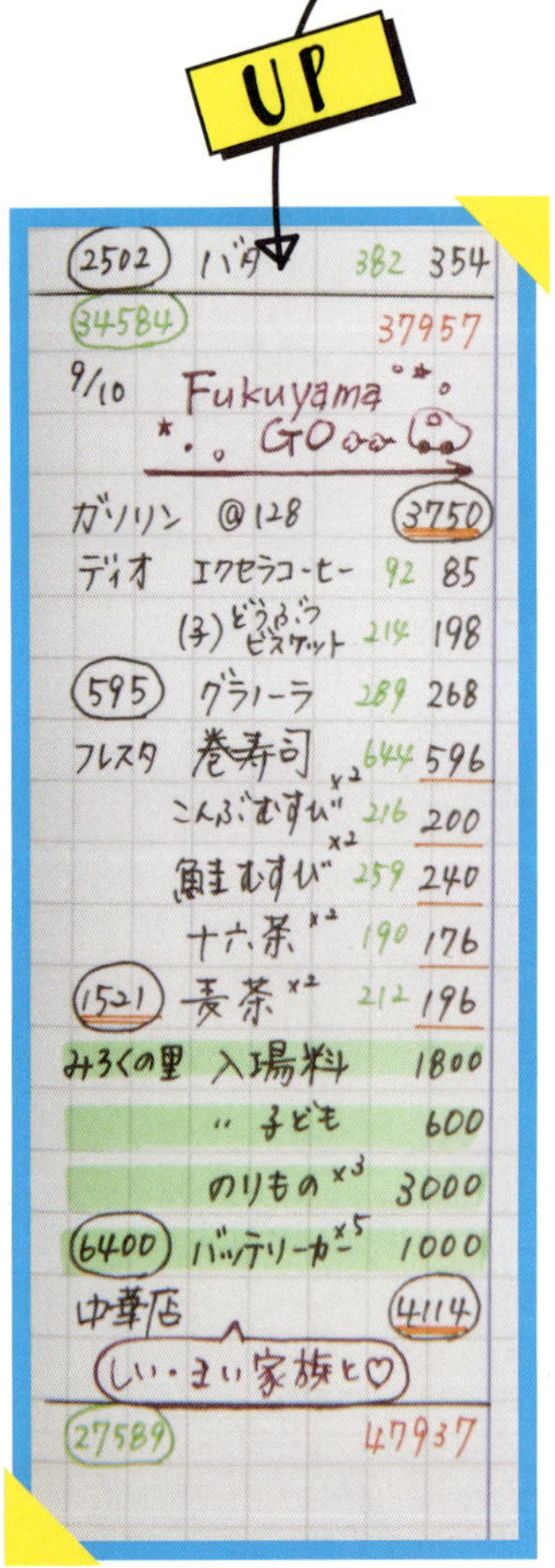

ドライブは我が家の日常行事

我が家は自他共に認めるおでかけ大好き家族。何しろドライブが好きで、月に2〜3回はドライブがてらいろいろなところにでかけます。夫は運転が苦にならないタイプ。私の故郷、鹿児島に行くときも、10時間かけて島根から車で。子どもたちもドライブ慣れしていて、10時間乗っていても平気。予定をあらかじめ子どもたちに伝えておくことでそれが楽しみになり、お手伝いや自分の身の回りのことを率先して取り組んでくれます。

☑現金
☑カード
□その他

使ったお金 16,380円

上書き合計 47,937円

※お出かけの入園料など6,400円は特別費のため、上書き合計に加算されません。

おでかけの日の特別費はどうする？

おでかけに合わせて外食することはよくあります。いつもは買わないコンビニのお菓子やお茶を買ってしまうことも。おでかけはイベントなので、つい特別費として計上したくなりますが、なんでもかんでも特別費にすると、特別費の枠がふくれあがって、家計が赤字になるもと。

おでかけしなくても食事はします。だから、おでかけで外食したり、買い食いしたりしてもそれは生活費にしています。

必要以上の出費を抑えるために、おにぎりを作って持っていったり、マイボトルを持っていったりと、足りない部分を買い足すだけにすることで、家族のランチ代が安く済みます。せっかくのおでかけ、お金のことでもやもやしないで楽しみたいですよね。

家計簿をつける前は我が家の財政を把握していなかったので、おでかけで散財してしまったと罪悪感を持ってしまうことも正直ありました。今はおでかけの予算をあらかじめ家計に組み込んでいるので、心の底から楽しめるようになりました。

月 9/11

子どもと書店へ プレイコーナーで絵本選び

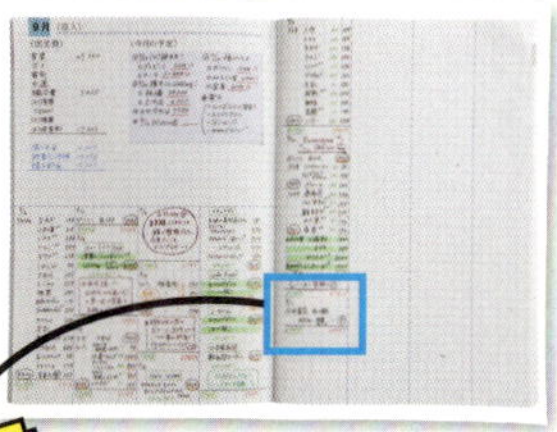

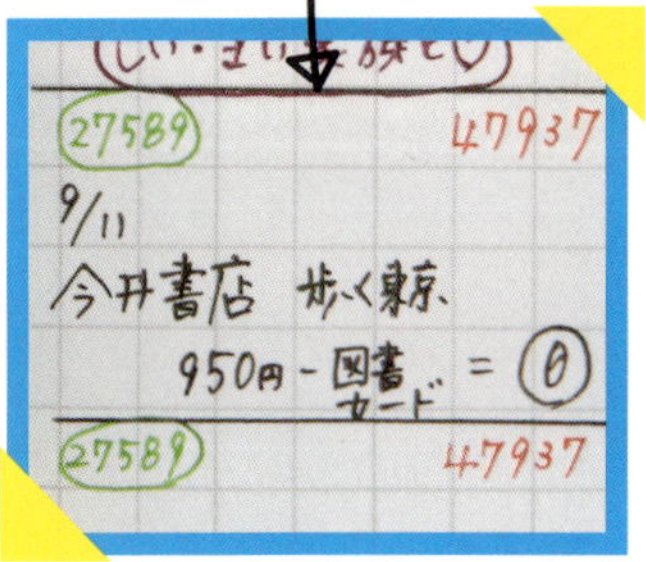

金券はもらったらすぐ使います

図書カードやQUOカード、また商品券などはもらったらすぐに使うようにしています。保管するためのケースも必要になりますし、持っていることを把握しておく労力をなくしたいので、忘れないうちにどんどん使います。カードだけでは足りなくて差額を支払ったときは、その分だけを支出として書くようにしています。

東京に行くことが増えたのでガイドブックを購入。

□現金
□カード
☑その他

使ったお金
0円

上書き合計
47,937円

お金を使っていないから上書き合計は一緒

今井書店はよく行く本屋さん イベントをさせていただいたことも！

近所にある今井書店は常連と言ってもいいくらいよく行きます。プレイコーナーもありますし。子どもに自分で本を選ばせると興味があるものがわかるんですよ。

私の本も
平積みしてくれて
います！

今井書店

火

9/12

夫が子どもと外へ その間、私は掃除しました

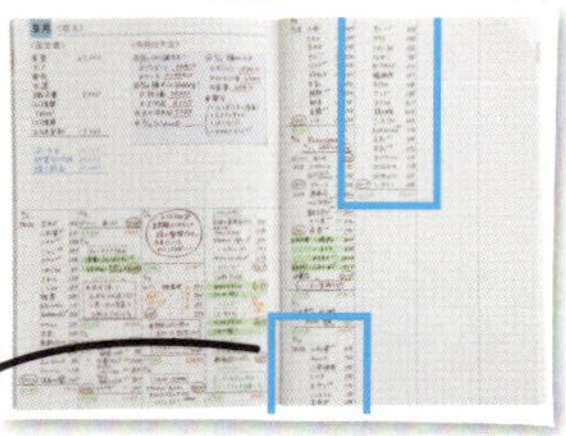

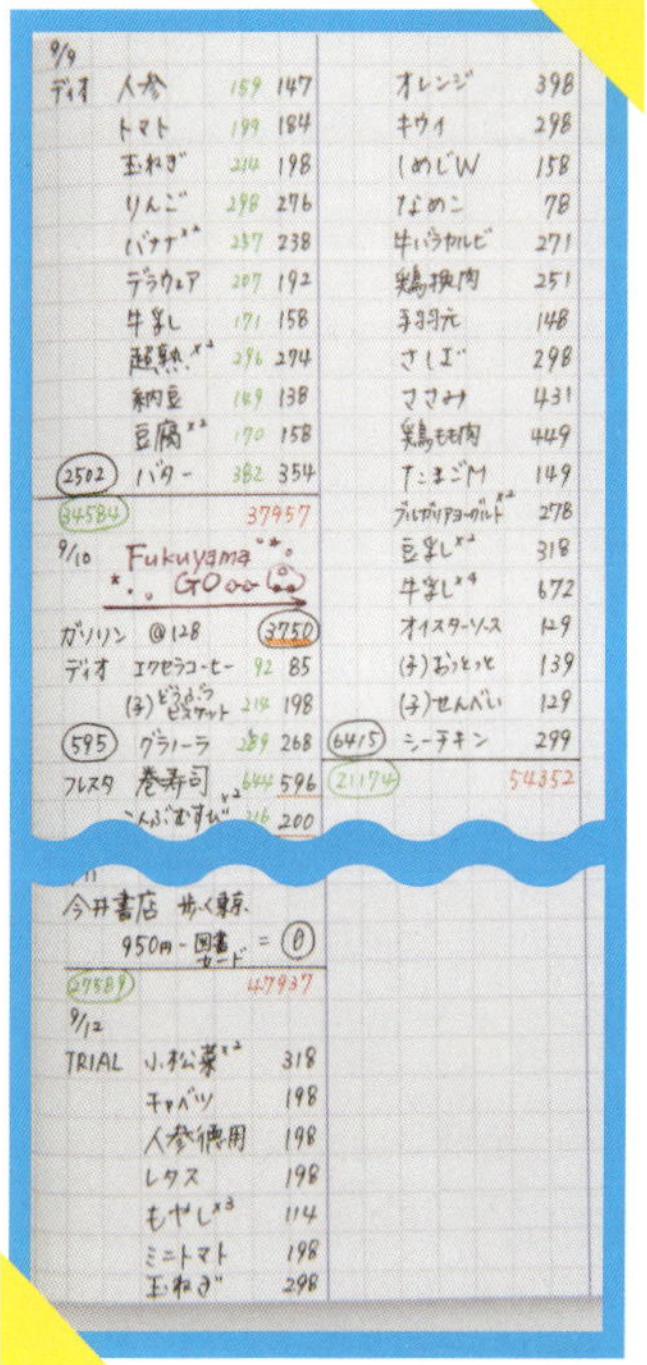

まとめ買いは夫も一緒に行きます

夫の仕事が休みのときはまとめ買いにでかけるチャンス。ちょっと遠めですが価格の安いスーパーに行きます。この日はスーパーから帰った後、上の2人を外に遊びに連れ出してくれました。次男がちょうどお昼寝してくれたので、私はいつもより念入りにお掃除。棚の上などの拭き掃除をして部屋がすっきりきれいになりました。その後は家計簿タイム。まとめ買いなのでいつもより書く量は増えますがほんの数分程度。まとめ買いをすると、家計簿書きが大変になると思いがちですが、毎日ではなく月数回なので、この量に慣れましょう。

☑現金
□カード
□その他

使ったお金
6,415円

上書き合計
54,352円

夫は息子＆娘と近くの公園へ

虫取りをしたり、滑り台をしたり。ダイナミックに遊べたようです。大満足した顔で帰ってきました。

拭き掃除しやすい収納に

シンク下の拭き掃除もしました。使うものは手前にし、物を減らして詰めすぎない収納にすることで掃除もしやすくなります。

私は掃除＆ティータイム

掃除の後は最近ハマっている生姜炭酸割りを作ってティータイム＆家計簿タイム。

Column 2

第三子出産時の育児休暇で夫は変わりました

第一子は自分の実家に里帰り出産したのですが、鹿児島は遠すぎて生後1か月の長男を連れて車で戻るのが大変でした。なので第二子は夫の実家に里帰り。ぐんと義父や義母との関係が近くなったなと思います。

そして第三子。私は産後しっかり休むために一切家事はせず、完全に頼ろうと決めたので夫が育児休暇を1か月取ってくれました。外で働いている夫にとって、家で家事をする1か月は大変だったよう。でも、これが大正解。実際に家事を自分が主体となってすることで、今までの私の気持ちがリアルにわかったそうです。

仕事帰りなどにちょっと足りないものを買ってきてくれることも。

夫は子どもの遊ばせ方が本当に上手。体力があるほうなので、体を使って遊ばせてくれます。朝昼晩の食事作り、掃除洗濯、寝かしつけなど、夫の家事&育児スキルは格段にアップしました。

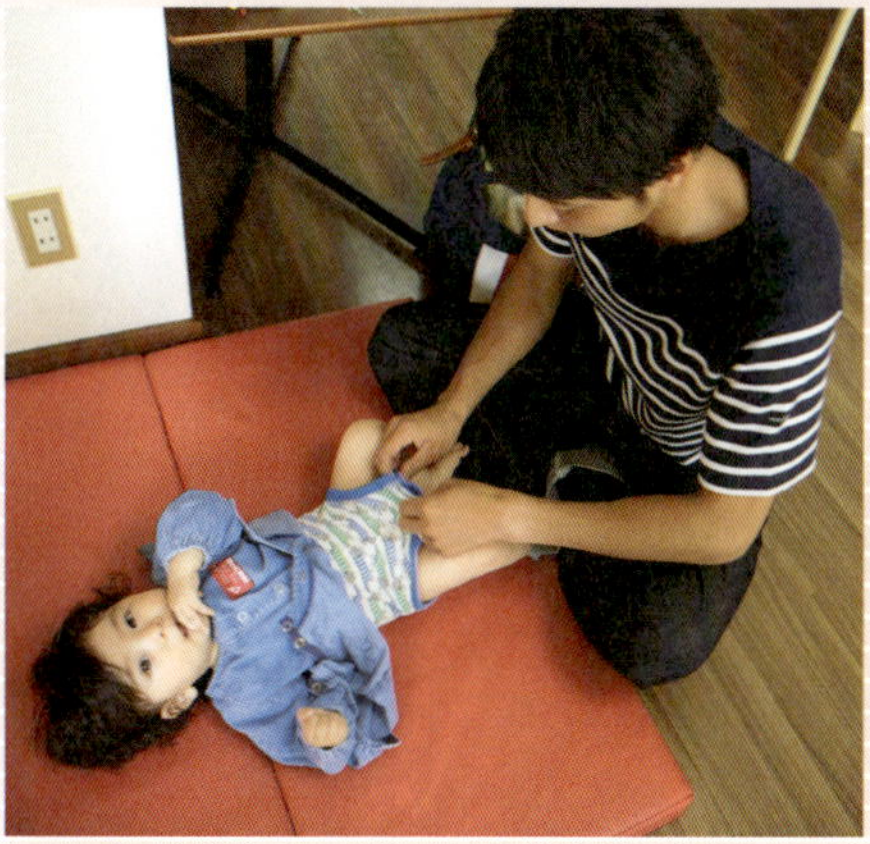

おむつ替えもお手の物です。

両手に子どもを乗せるという荒業も。

水

9/13

夫は眼科へ。その後、家族みんなで外食しました

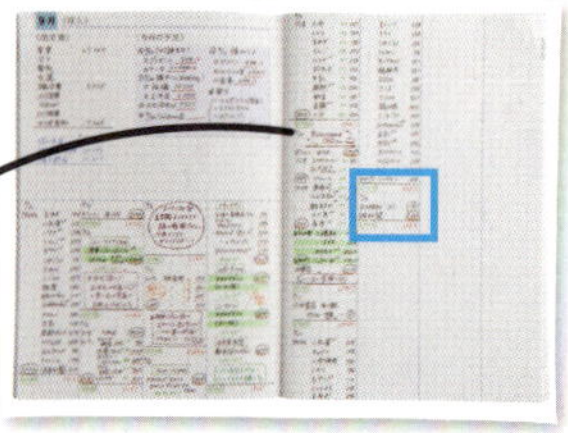

UP

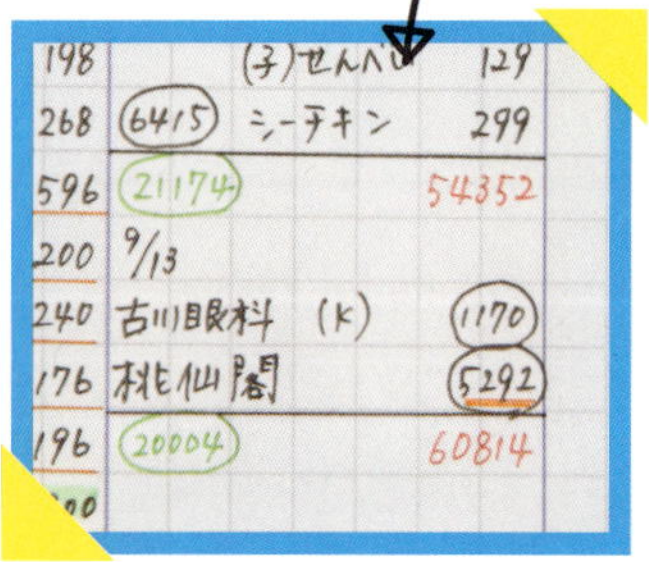

個室なら赤ちゃんが一緒でも平気

夫が病院などで支払ったお金は立て替えてもらい、領収書と引き換えに現金を渡します。この日は夫の仕事が休みだったので、家族みんなで外食をしました。中華料理は子どもも大好きで、よく行きます。乳飲み子連れでも個室に通してくださる配慮がありがたいです。こういう時間はこれからも増やしていきたいですね。

Point!

日にちはずれてもOK

立替分は支払ったら書く

夫への支払いが2～3日遅れてしまったときは、時系列は気にせず、立て替えを支払ったときに家計簿に書いています。ちょっとくらい時系列が違っていても気にしなくて大丈夫です。

☑現金
☑カード
□その他

使ったお金
6,462円

上書き合計
60,814円

家族で外食が楽しみです

夫と私で分担して子どもの面倒を見ます。

個室は子連れには気兼ねしなくてよくて
安心の空間です。

子ども用プレート。
パンダの肉まんはみんな大好き。

大好きな中華レストラン

「桃仙閣」は私たち夫婦が結婚式＆披露宴を挙げた「Jasmine（ジャスミン）」のオーナーのお父さまがやってらっしゃるレストラン。「Jasmine」共々、とても美味しい！

木 9/14

夫の実家へ家族で！本当にお世話になっています

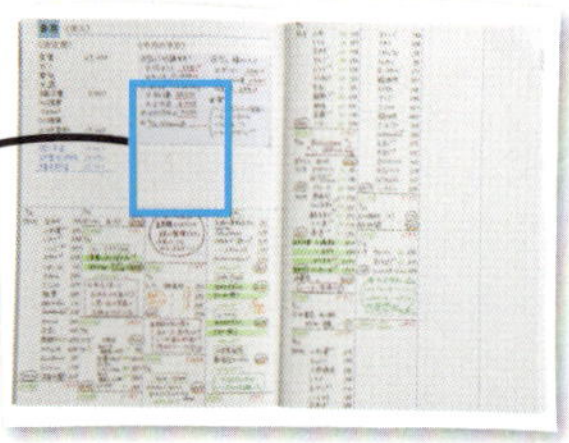

UP

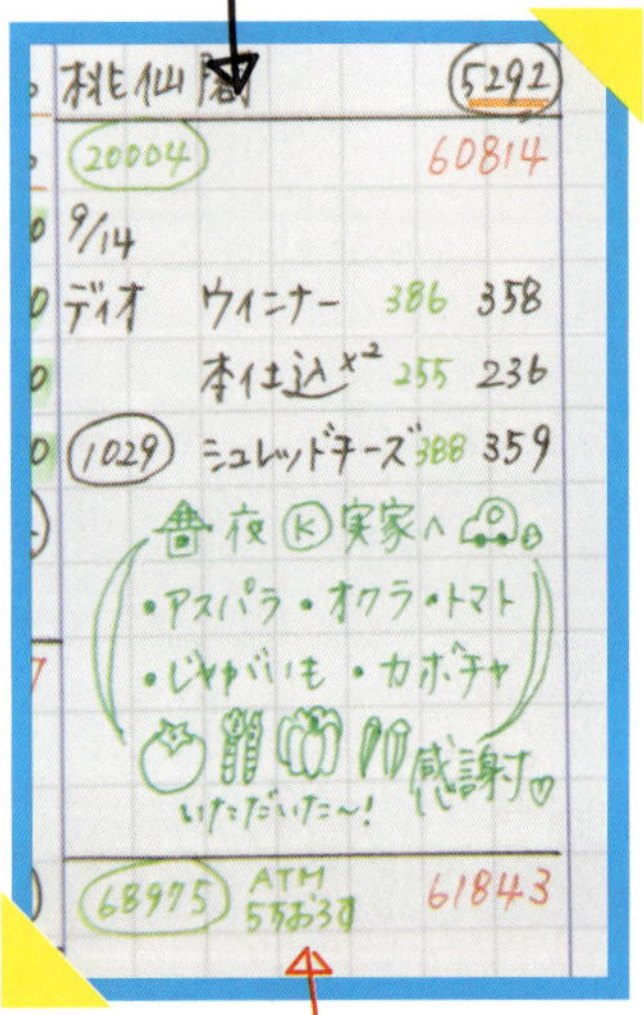

近くの ATM でおろした記録

親孝行をもっとしたいな

お義母さんはいつも明るく気さくで、本音で接してくれるから付き合いやすい方です。家族で週に2～3回は夫の実家に遊びに行きます。夫の実家は食堂をやっているので、ごはんをごちそうになることも。すごく美味しいんですよ。

距離が離れていてなかなか一緒に過ごせない自分の親にしたいことを、夫の義父義母にしてあげたい、そんな気持ちでお付き合いしています。子どもたちもジジ・ババ大好きです。

☑現金
□カード
□その他

使ったお金 1,029円

上書き合計 61,843円

Point!

実家でいただいたもののリストも家計簿へ書き込む

贈り物の記録も家計簿に

夫の実家に行くと、必ずと言ってよいほどおみやげに野菜やフルーツをいただくんです。家計簿にはこういういただきものの記録も残しています。

お義母さんからは野菜などをもらうこともよくあります。とても助かります！

ドライブに行くことも多い

家族みんなでパチリ。夫の兄弟は島根にいないので近くにいるのは私たちだけ。家族みんなで乗れるようにと大きな車も購入したんですよ。

金

9/15

固定費は少しずつ埋まっていきます

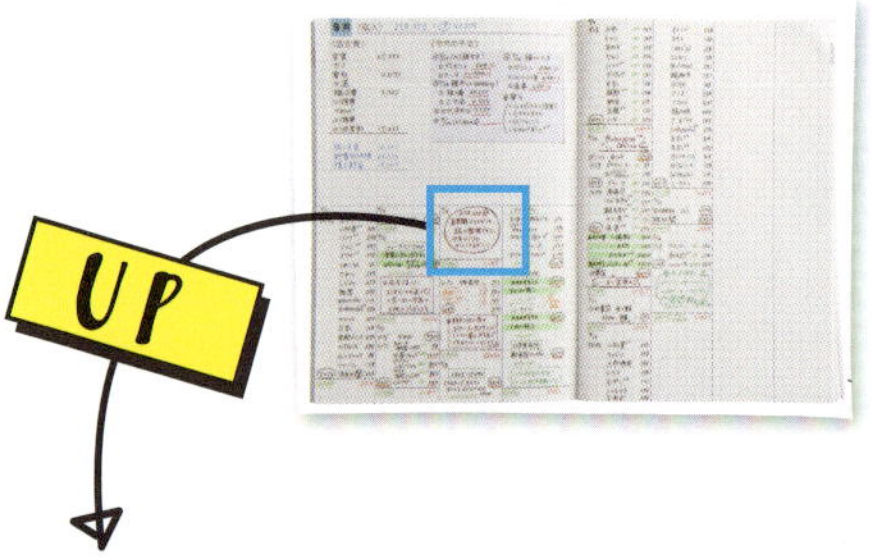

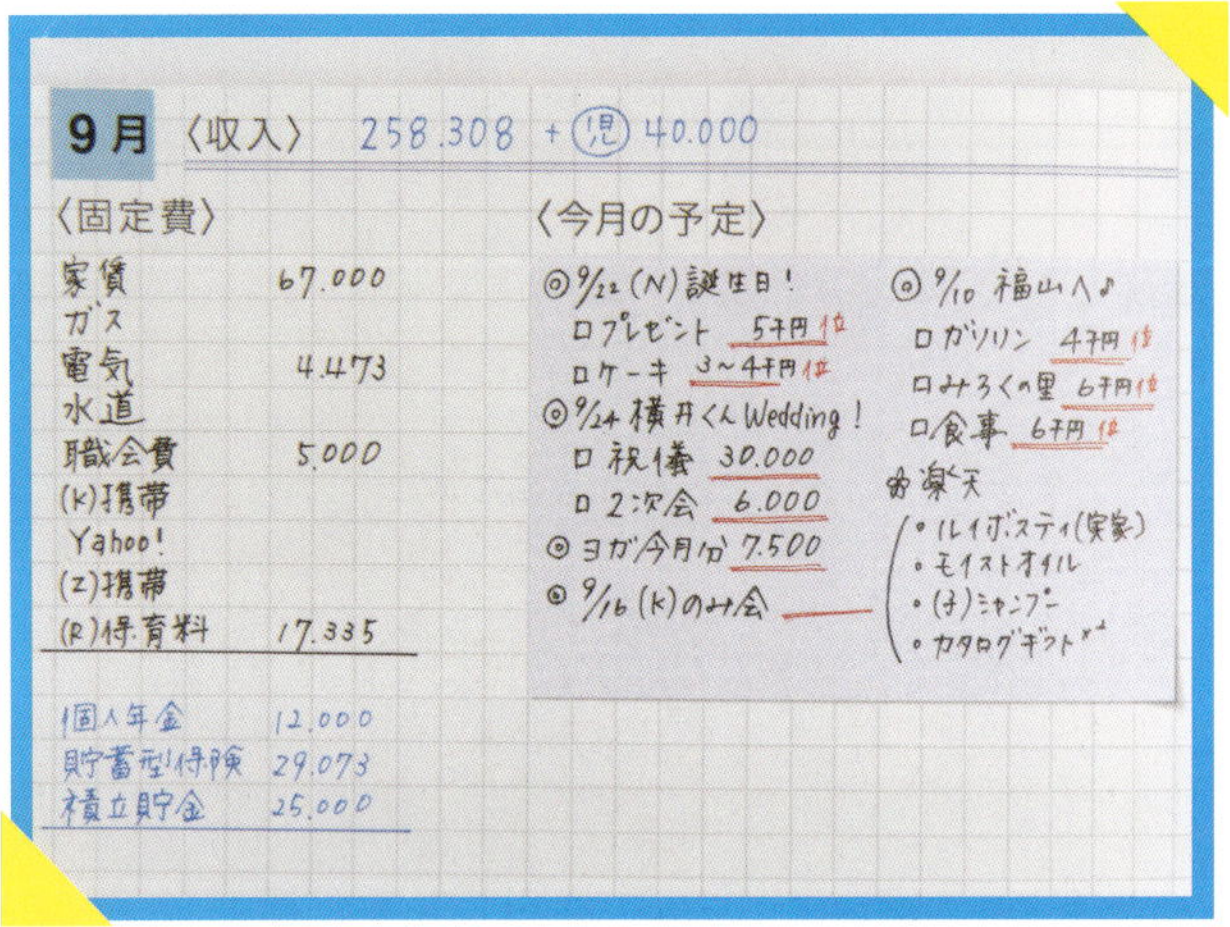

固定費は金額がわかったら書く

最初、固定費は家賃など金額が決まっているものしか書くことはできません。書いていない分がたくさんあると、なんとなく完成していないような気がしますが、「づんの家計簿」では少しずつ固定費を埋めていくので、問題ないのです。また、クレジット払いなどで引き落とされる月が請求月と異なりますが、特に決まりはないので、自分が把握しやすいほうで統一していくとよいでしょう。私は、引き落とし日ではなく、金額がわかったら書くようにしています。

□現金
□カード
□その他

使ったお金
0円

上書き合計
61,843円

お金を使っていないから上書き合計は一緒

「づんの家計簿」の固定費

生活費の枠は低めに設定しましょう。

生活費の「予算」は収入から固定費を差し引いたものになります（特別費はボーナスなどを財源とした貯金から出すので、その計算には入りません）。

そう聞くと、最初に固定費がわかっていなくて大丈夫？　と思う方もいらっしゃるかもしれませんが、「予算」は毎月変動させるものではありません。

収入が変動タイプですと多い月もあれば少ない月もあります。光熱費も冷暖房を使う8月や12月は必然的に高くなります。その変動に合わせて生活費を上下させていたら、家計は安定しません。

私は、もっとも収入の少ない月からもっとも高かった固定費を引いた金額を頭に入れて、それを生活費の「予算」として考え、上書き合計で調節しています。

また、最初から生活費に使えるお金がわかっていて、その月の収入が多めだと、つい、「まだ使える」と思いがち。だから、私は固定費がすべてわかっても使える生活費の計算はせず、あくまで低予算でやりくりするようにしています。

土
9/16

夫が飲み会へ 私は友人と久しぶりにお茶

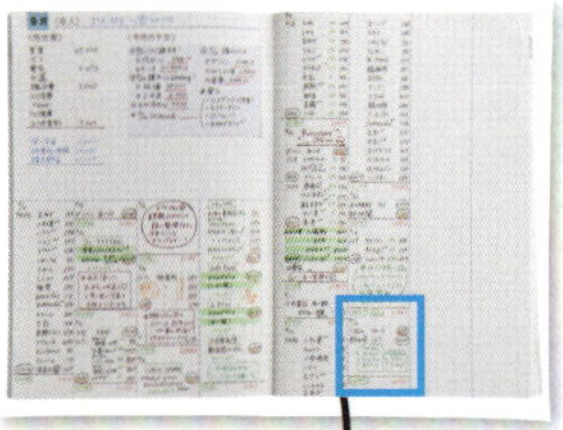

飲み会代はその度に渡します

夫の仕事は24時間勤務で、朝から翌日の朝までという形態が多いのです。だから、仕事帰りに飲みに行くということは基本的にありません。あらかじめ予定が決まっている場合がほとんどです。

なので、飲み会のお金はそのときごとに渡す形を取っています。以前はお小遣い制でしたが、その都度お金を渡す形のほうが、夫も自分で管理するより楽とのこと。我が家ではこのやり方がしっくりきているのです。

☑現金
☑カード
□その他

使ったお金
4,600円

上書き合計
66,443円

夫のお小遣い

夫婦でお金の話はよくします。

夫のお小遣いがこの形になったのはそもそも夫からの申し出でした。「自分で管理していないとあるだけ使ってしまう。お金の管理はまかせたい」と。それ以来、お金を使ったら申告制で、そのときに家計からお金を出すという形を取っています。仕事をしながら、自分のお金の管理をするのは大変かなと思い、この形になりました。

飲み会に誘われた時点で報告をしてくれるので、私に予定がなければOKの返事をし、家計簿の予定欄に記入をして把握しておきます。「えっ！お小遣いないの？」とよく言われますが、自分の親がそのスタイルだったということもありますが、その都度制のほうが私が管理しやすいし、夫も欲しいものが買えたり、飲み会も気分よく参加できてるよと言います。旦那さんの性格的に自分で管理したいという方もいらっしゃるでしょう。でも、そういう場合も話し合いが大事かなって私は思うんです。家計を運営していくという意味で夫婦は運命共同体。一番よい形を探ってみてください。

日
9/17

歩いていけるスーパーでちょこっとお買い物

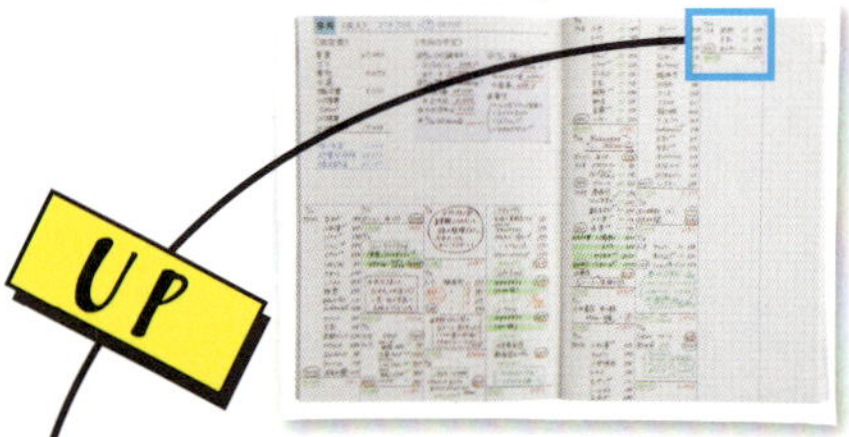

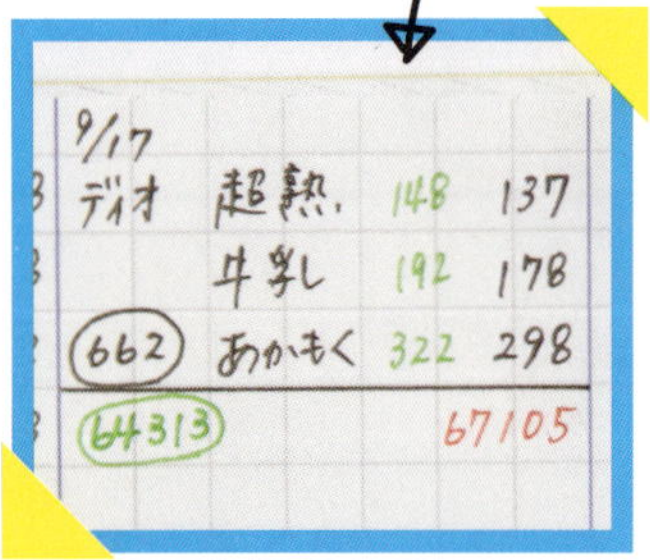

日常品はちょこちょこ買い足しています

島根は車社会。基本的には買い物は車ですが、時には近くのスーパーに運動がてら子どもも3人歩いていくこともあります。歩いていくと荷物をあまり重くしたくない、なるべく軽くしたいので買いすぎなくて済みます。今、必要なものだけしか買わない、とりあえず買うをやめるのは節約の大原則。日々の出費を抑えるためにも重要です。

子どもとテクテク歩いて向かいます。

☑現金
□カード
□その他

使ったお金
662円

上書き合計
67,105円

▶ Part2 だからお金が貯まるづのの1か月

持てる分しか買いません！

普段は次男をだっこし、長男・長女と手をつないで買い物に行くので、肩にかけられる量だけを買うようにしています。

日用品はちょっとずつ

食パンや牛乳は毎日使うもの。まとめ買いで行くスーパーは確かに安いのですが、毎回そこまで買い物に行くのは大変。ちょこちょこ小さなスーパーで買い足しています。

Column 3

すっきり暮らすづんのインテリア

ものを置かない暮らしを心がけています。

家計簿で家計を把握できてから、部屋もすっきりしたと思います。必要なものだけを買うようになったからでしょうか。

独身時代、アパレルに勤めていたこともあり、昔は部屋をうめつくすほどの服を持っていました。100枚単位で処分してもなかなか減らなかったくらい。今では押入れの棚に入る分だけと決めて、2週間に1回は整理するようにしています。

物を減らすと、必要な物の住所（置き場）を決めやすく、収納するための家具も買う必要がなくなります。ついお金を使ってしまう方は、部屋の中の不必要なものを手放し、家にある物の把握ができているかを確認してみるといいです。

押入れのようす。どこに何を置くかをきちんと決めています。

文具コレクションは私の趣味のひとつ。空き箱を仕切り替わりにして整理しています。

台所は見せる収納。ほこりが気になるのでよく使うものだけを見せる収納に。夫も台所に立つようになり、パッと見てどこに何があるかわかるようにしています。

私はゴミ箱は持っていません。つっぱり棒にゴミ袋をかけてたまったら捨てます。布で目隠ししています。ゴミ箱を使っていた頃は、ゴミ箱から出した後にまだ入るなと思うと床に袋の状態で置いておくことがあったので、いっそのこと袋のまま保管しようと、このスタイルになりました。

月
9/18

私が体調不良……夫がごはんを作ってくれました

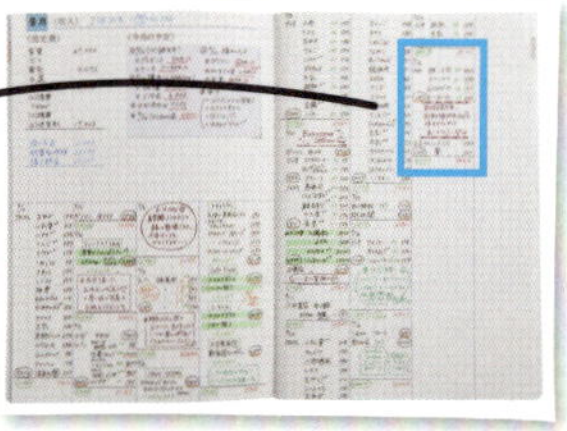

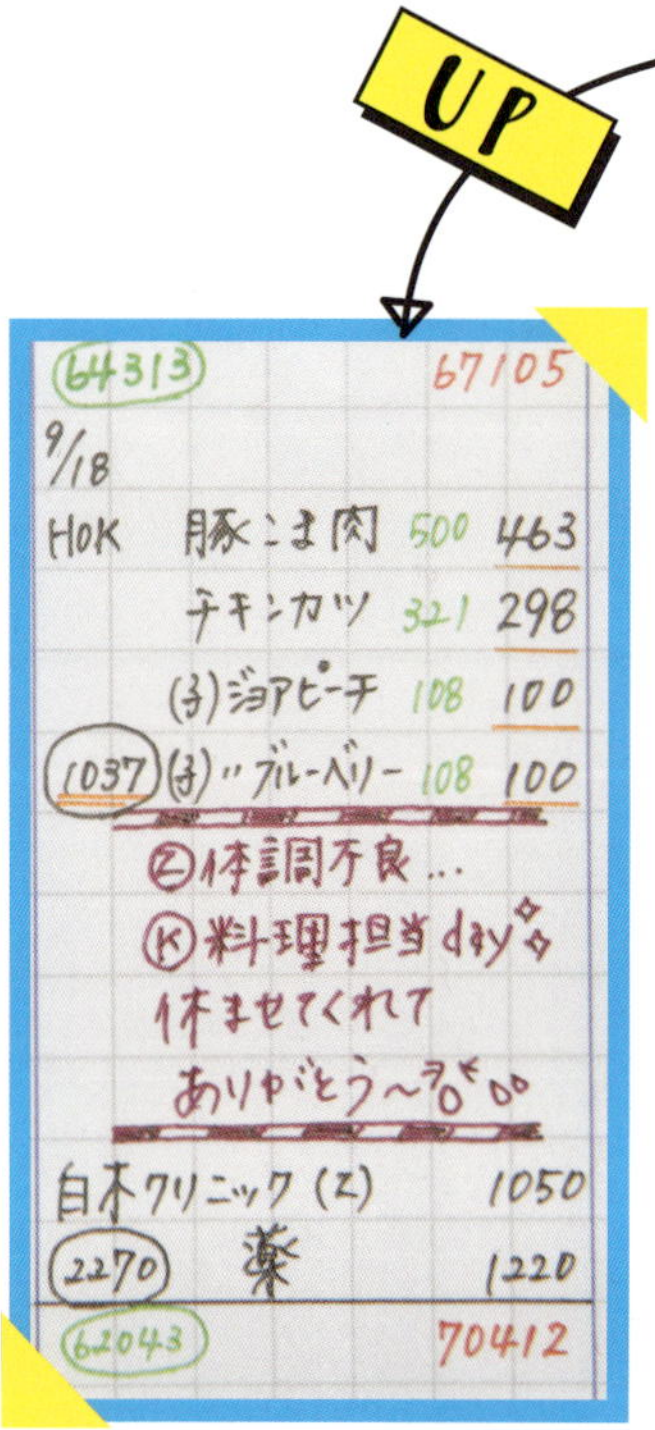

感謝の気持ちをちゃんと言葉で伝える

妊娠・出産は免疫が落ちがち。なかなかゆっくり横になって休むことができない日が続くと、子どもから病気をもらいやすくなります。さすがに辛いときは一食分だけでも夫にお願いして休みます。睡眠は一番の薬。休むことで、また母業、頑張れます。

実は私は料理があまり得意ではありません。今日は失敗したなと思うこともあります。そんなとき、昔の夫ならちょっとケチをつけられることもありました。ところが、育児休暇以来、「作ってくれるだけでありがたい」と感謝してくれるように。私も、きちんと感謝を伝えています。

買い物にも行ってくれました。

☑現金
☑カード
☐その他

使ったお金 3,307円

上書き合計 70,412円

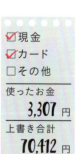

夫には感謝、感謝です！

しょうが焼きは夫にとっては手慣れたもの。子どもたちも大好きなメニューです。本当に助かりました！

夫に家事を頼むときの心得

夫に家事を頼むとき、気をつけていることが2つあります。

ひとつは頼み事を明確にすること。たとえば、料理を作ってもらうときも「何か適当に作って」というような頼み方はしません。そんなにたくさんレパートリーがあるわけではないので、「カレーライス作って」とか「今日はしょうが焼きがいいな」というように、具体的に頼むようにしています。

もうひとつは見守ること。つい口をはさみたくなりますが、こうしてほしいと希望を伝えた後は、自分なりのやり方を見つけるようになるので見守り、ありがとう、助かると伝えます。

火
9/19

大きなショッピングモールのセール日に大量買い

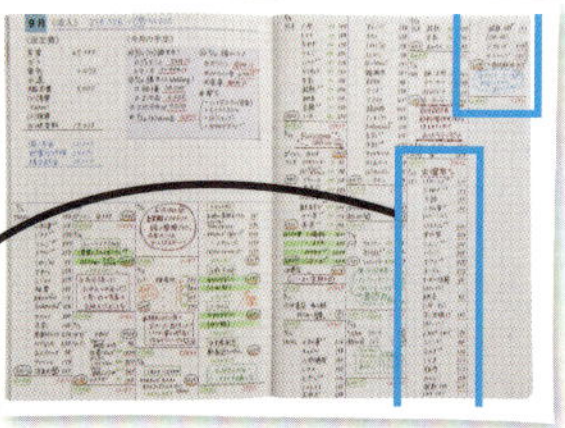

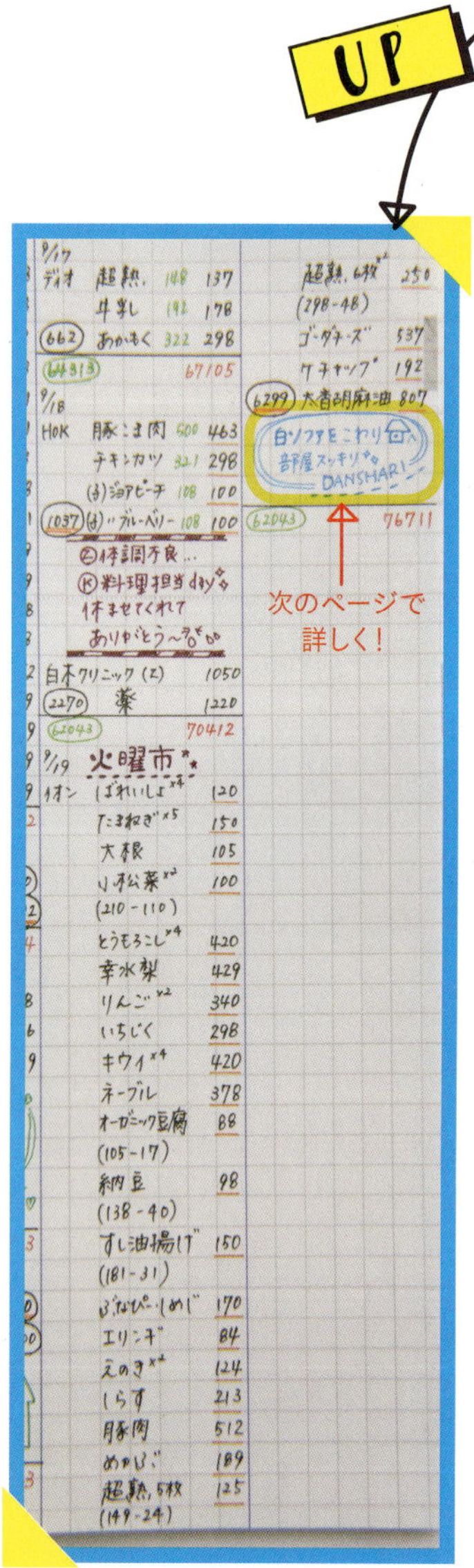

イオンはスーパーというより遊び場

大きなショッピングモールというと、もう皆さんおわかりかもしれません。そうイオンのことです。家の近所にはイオンが3つ。買い物に行くというよりも、遊びに行くところという感じでしょうか。とくに雨の日は他に行くところがないこともあり、よく家族で行きます。おもちゃ売り場で遊びたいから子どもたちもイオンは大好きです。火曜日は火曜市、さらには夕方からの値下げで必要なものを嬉しいお値段で買い物しています。

□現金
☑カード
□その他

使ったお金
6,299円

上書き合計
76,711円

Point!

見切り品は
使い切れる量に

安さに惑わされない

見切り品を購入するときは腐らせずに使い切れるかどうか、じっくり考えます。どんなに安く買えたとしても、使えずに捨ててしまったらもったいないです。

新居に合わせて家具の整理、始めました

実は来年家を購入することになりました。引越しが決まって少しずつ家の整理を始めています。たとえばソファー。お気に入りで、腰痛持ちだった私にとって必要なものでしたが、腰痛も改善し、友人がちょうどソファーを探しているようだったので差し上げました。

家を建てるのは私にとって一大事業。家具や家電もいくつか新しく買おうと思っているので、後悔しないよう、どんなものにするかをいろいろ調べているところです。デザイン性や機能性、価格などいろいろな方向で検討中というところでしょうか。

新居には極力ものを持ち込みたくないので、今から少しずつ断捨離を進めて、すっきりした状態で引越しできるといいなと思っています。

ソファーを運び出し。無駄にならなくてよかったです。

9/20 水

焼肉は家族みんなが大好き 行く日を決めて楽しみに待ちます

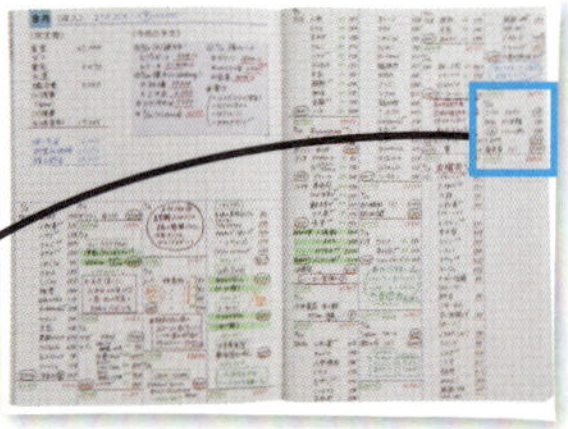

UP

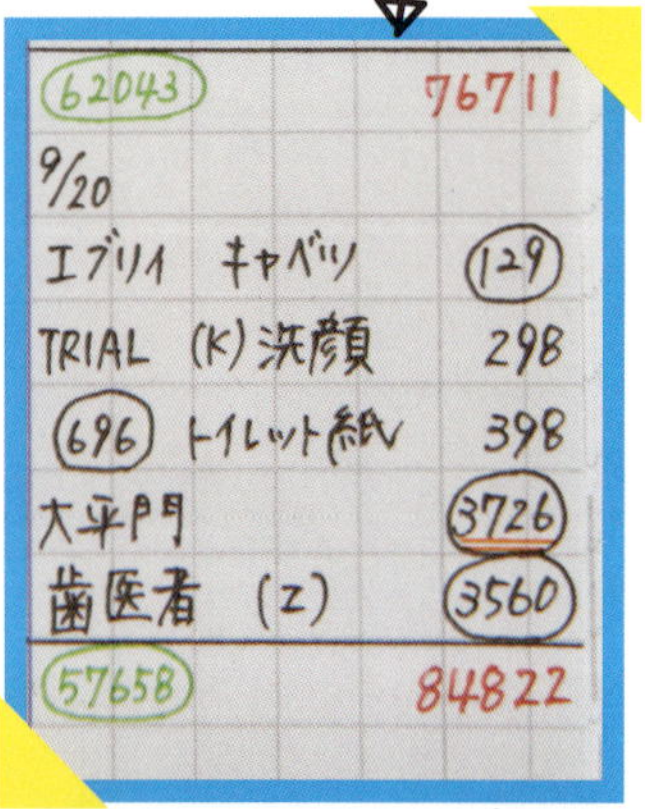

焼肉は家族みんなのごほうび

我が家は家族みんな焼肉が大好きです。焼肉に行く日は前もって決めて、わくわくして楽しみに待つほど。そういう楽しみがあると、いろいろなことがうまく運ぶような気がします。何よりイキイキ家庭内が明るく保てます。「焼肉に行く予定がある」と思うと家族みんなが笑顔になるんですよ。ごほうびって大切だなって思います。

行きつけの焼肉屋さんの前で。

- ☑現金
- ☑カード
- □その他

使ったお金 **8,111**円

上書き合計 **84,822**円

節約節約と意固地にならず、時にはパーッと使えるお金も用意しましょう

節約って時に行き詰まることがあります。少しでも安いもの、お得なものと探し求めていると、格安の品物を買えなかったときにダメージを受けてしまうことも。たとえどんなに安いものであっても、買い物は買い物。買えなかったから「損」になるとは私は思いません。お金を使うという意味では一緒ですから。

だからといって、お金を使う＝悪いこととはもちろん思っていません。有意義にお金を使いたいと私は思っているのです。

特売品を血眼になって買うよりも、家族みんなで楽しくおでかけしたり外食したり、そんなふうに楽しみたいなと。

私にとって家族で過ごす時間はかけがえのないもの。そのために使うお金は必要なものです。そのための積立てもしつつお金の使い方をもう一度見直してみてはいかがですか。

子どもたちとおでかけする日はみんなワクワクします。

木 9/21

今日はノーマネーデー 子どもと一緒に服の整理

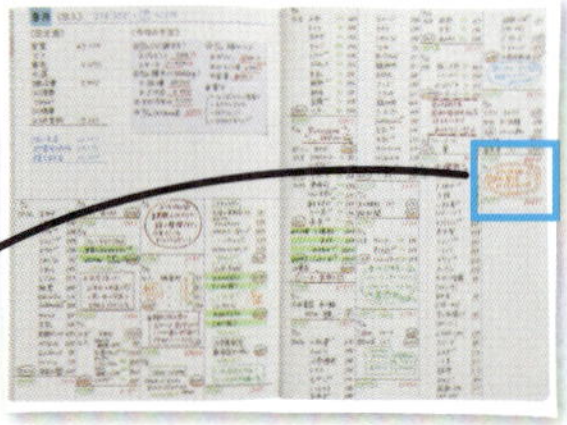

UP

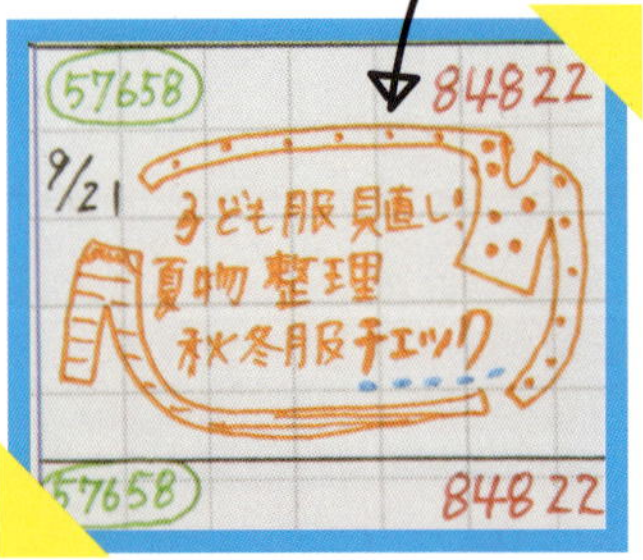

ときめかない服は思い切って処分

買い物に行かず、おでかけもせず、お金を使わない日は結構あります。この日もそんな日で、朝から洋服の整理をして過ごしました。洋服の見直しは2週間に1回はやっていますが、とくに季節の変わり目はいらない服を処分するチャンス。本当に必要か否か、まだ着たいかどうかを自問自答して、そんなに着たくない服は思い切って処分します。

持っている物を見直すと、心もすっきりします。

□現金
□カード
□その他

使ったお金
0円

上書き合計
84,822円

お金を使っていないから上書き合計は一緒

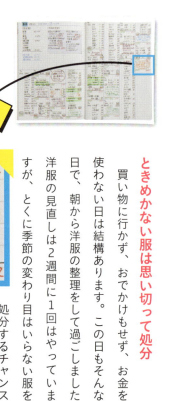

子どもの服の整理は 子どもたち自身にまかせます

1 タンスの上に整理したいＴシャツをずらりと並べて。こうすると何があるかひと目でわかります。2 長男は服をたたむのがとても上手。3 たんすの中がちょっとくらい乱れても大丈夫。

洋服の好みは人によって違います。私は子どもたちに服選びもある程度はまかせており、勝手に捨てません。子ども服はもらいものもあり、量が多いので定期的に息子や娘に「この服、これからも着たい？」と聞きます。着たい服は間髪入れず「着たい！」と返ってきます。「着てもいいけど……」と消極的なものは「じゃ、どうする？」と聞くと、だいたい「やっぱりいらない」という返事。子どものときから物の持ち方を意識できるといいなと思っています。

また、洋服をしまうのも基本は子どもまかせ。ちょっとくらいタンスの中が乱れても気にしません。自分でたためる子、そしてしまうことのできる子になってほしいと思います。

Column 4

子どもたちに自分で片づけてもらうために……

大好きなおもちゃをかっこよく素敵に並べたいという気持ちからか、よく片づけてくれています。以前は収まりきらない量のおもちゃがありましたが、おもちゃも息子自ら断捨離をし、ここまで少なくなりました。

子どもたちには自分で片づけられるようになってほしいと思っています。そのために、気をつけているのは物の住所（置き場）を決めること。上の写真のようにおもちゃは見せる収納になっているのですが、かっこよく置いたほうが長男も嬉しいのか、率先して片づけてくれます。もうひとつ、気をつけているのがためる子になってほしいということ。脱いだ服は洗濯かごに入れるのではなく、いったんたたんで、専用のかごに入れさせています。

2

1

■1親の見よう見まねでたためるようになりました。すごい！ ■2脱いだ服を入れる専用のかご。洗濯するものはここから私が洗濯かごへ。■3引き出しにはすべて入れるものがわかるラベル（イラストつき）を貼っています。

3

金

9/22

今日は娘の誕生日 家族みんなでパーティ

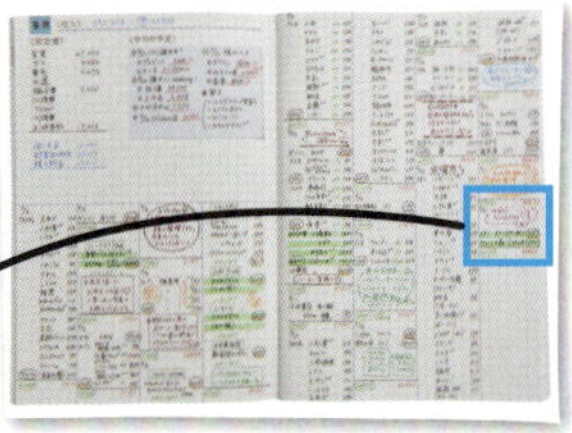

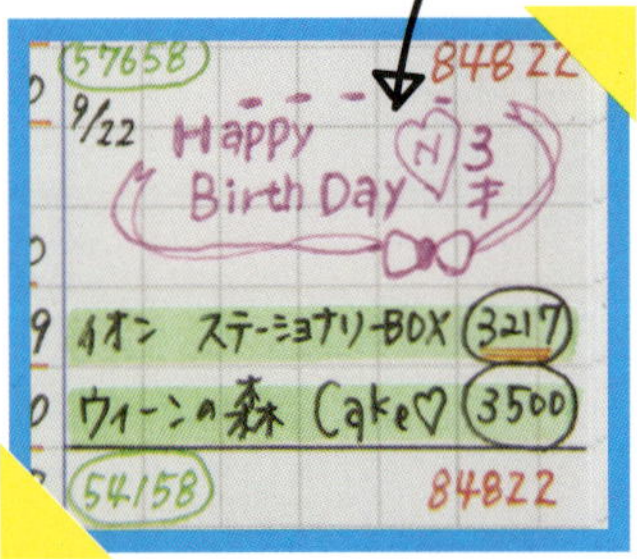

誕生日は心の底から楽しむ

今日は娘の3回めのお誕生日。我が家にとってとても大切な日です。ケーキを予約してお部屋を飾り付け、娘の好物を作り……。家計簿をつける前は、イベントはお金がかかるな、今月は大丈夫かなという思いが少しありました。家計簿をつけるようになってからは、特別費であらかじめ予算を決めて管理しているので、思う存分楽しめます。

誕生日はみんなで盛りあがります。

☑現金
☑カード
□その他

使ったお金 6,717円

上書き合計 84,822円

※ケーキ代やプレゼント代の6,717円は特別費のため、上書き合計には加算しません。

子どもへのプレゼントは欲しいものをじっくり見極める

1フェルトで作った手作り衣装。ぴったりでよかった！　2お気に入りの洋菓子屋さんで購入したケーキ。3みんなで歌ってお祝い♥

欲しいものを買う喜び

子どもの誕生日プレゼントは、息子や娘が本当に欲しいものは何か、1年かけて探ってあげるようにしています。赤ちゃんの頃は親の趣味で部屋のインテリアになるようなものをあげていましたが、2歳を過ぎて、娘や息子にも欲しいものが出てきました。自我が芽生えた証拠だなと、親としては嬉しいばかりです。

誕生日プレゼントの価格は予算を立てていますが、金額はそんなに気にしません。子どもたちが欲しいものを買ってあげる喜びは何よりのもの。金額を気にしていたら心が狭くなります。そういう意味でも、家計簿をつけていてよかったです。

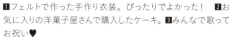

土

9/23

本日は家計簿づけはお休み 手帳タイムを楽しみました

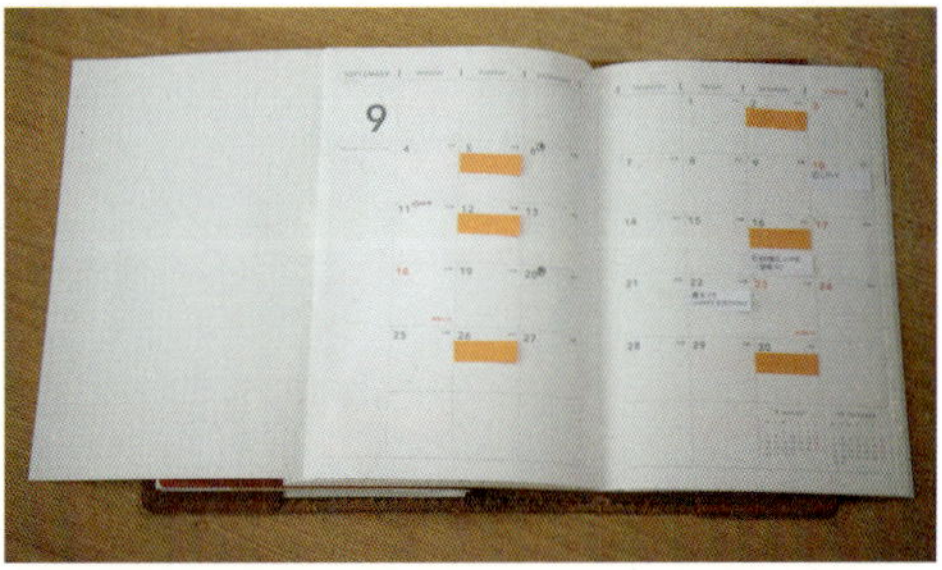

手帳はKYOKUTOのF.O.B COOPダイアリーノートA5マンスリーを使っています。予定を11ページで紹介した無印良品のふせんを活用して記入をし、色分けで家族の予定管理をしています。今までは違うノートにTodoやメモ書きをしていましたが、見開きでひと月の予定とTodoを見直したいと思い、左側にルーズリーフを切って貼りつけてみました。朝、少し早く起きて、頭の中のことや予定、することなどを書き出すだけで一日が有意義に過ごせます。

□現金
□カード
□その他

使ったお金
0円

上書き合計
84,822円

お金を使っていないから上書き合計は一緒

づん流 手帳の作り方

1 手帳の同じ大きさのルーズリーフを用意します。私は方眼が使いやすいのでA5の方眼用紙です。

2 ルーズリーフのリング部分を折り返します。穴にそって折ればよいだけです。

3 カッターで折り返したリング部分をカットします。カットした部分は使いません。

4 ひとマス目分でもう一度折り返します。

5 折り返した部分を戻してそこにのりをつけます。はがれないようにしっかりつけます。

6 のりをつけた部分を手帳に貼りつけます。手帳のほうが上にきます。折り返せばじゃまになりません。

日

9/24

今日は友人の結婚式 予定していた出費です

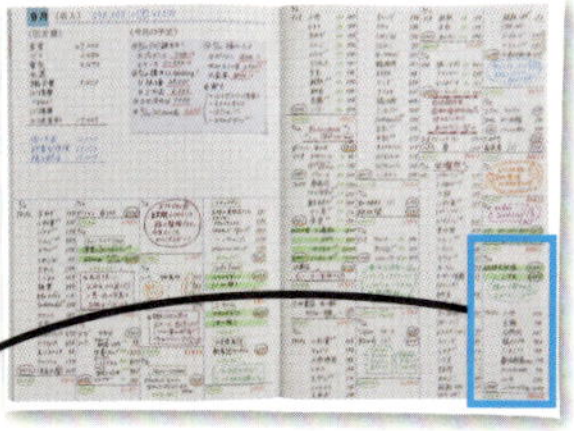

UP

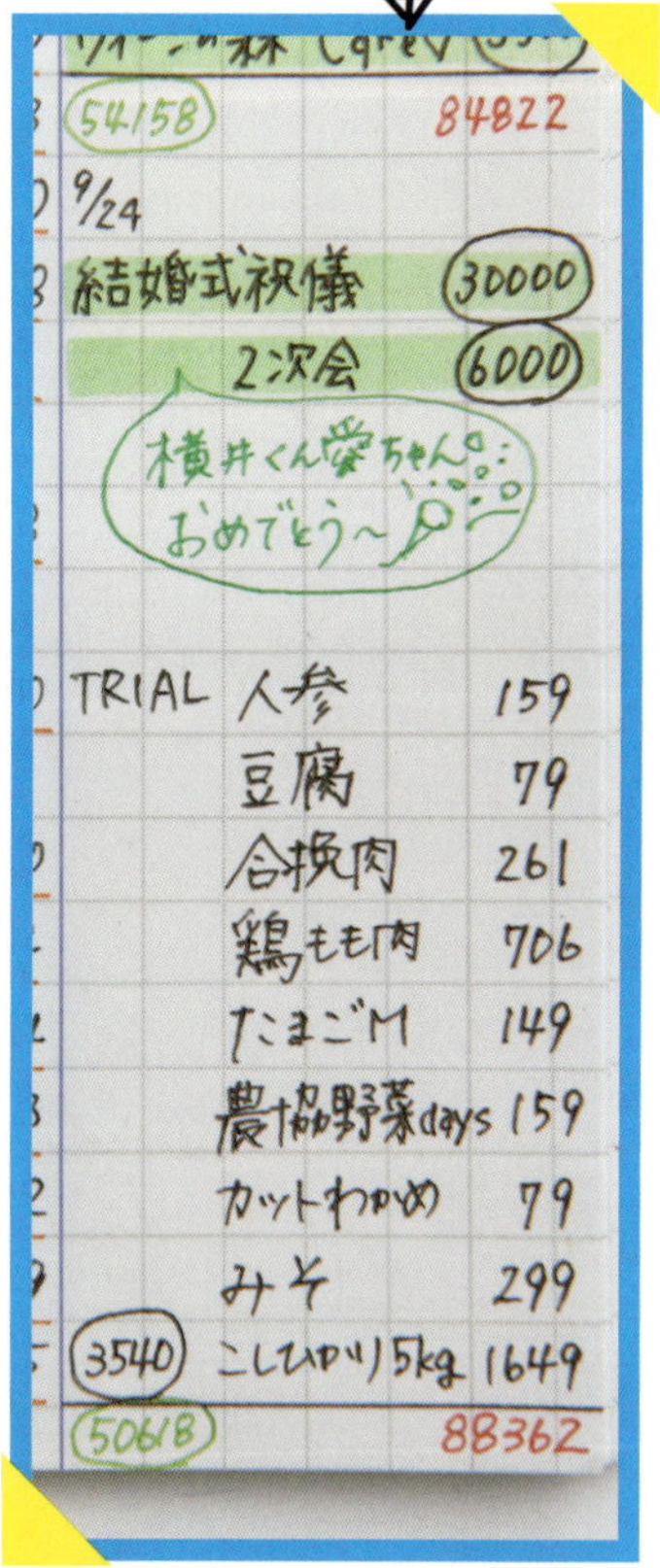

新札はいつも自宅に用意しています

20～30代は友人知人の結婚ラッシュ。結婚式はとても多いです。呼ばれるのはとっても嬉しいけれど、続くと家計的にはちょっとしたピンチかも。でもあらかじめ予定しておけば、

あわてることはありません。今日の結婚式と二次会も前からわかっていたので、前もって心づもりしていました。お祝いできる喜びを感じながら出席しています。新札も自宅金庫に用意してあるので、すんなり準備できます。

- [x] 現金
- [ ] カード
- [ ] その他

使ったお金
39,540円

上書き合計
88,362円

※ご祝儀と2次会代36,000円は特別費のため、上書き合計には加算しません。

Point!

特別費は
あらかじめ予定しておくこと

緑の蛍光ペンで区別

特別費に計上しているのは下記の緑色の蛍光ペンの部分です。実家などへの贈り物、おでかけの入場料、誕生日パーティーの費用、ご祝儀など。ひとつひとつは大きな出費ではありませんが、まとまるとひと月で結構な出費になります。

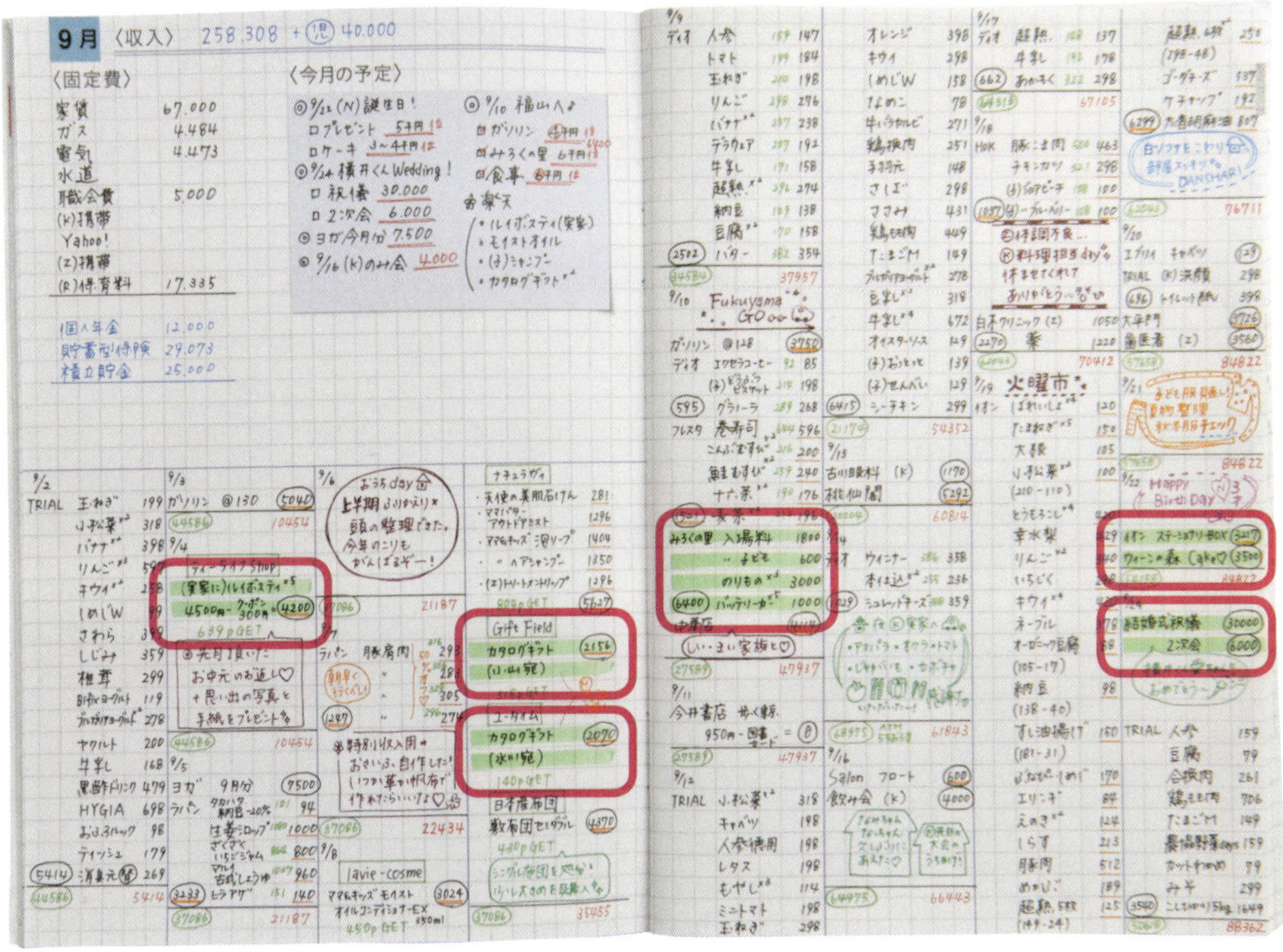

Column 5

特別費の予算と実際

予算

我が家の特別費が何かを決めたら、
年間で予定を立てて合計金額を出してみましょう。
やりくり意識が高まります。

2017年 特別費予算

◎総額予定だけで
約1,070,000～!!

1月 Ⓡ4才BD!
☑出産入院 10万位
☑ⓇBD ケーキ 3,000
プレゼント 5,000
☑Ⓚ育休ファイト
プレゼント 7万位
（うで時計）
12月購入!

2月
☑ⓀSimフリースマホ
機種代 19,000
☑Ⓩフォーマル用サボ
17,000
☑Ⓩ免許更新
5,500

3月
☑Ⓚ訓練用
革手袋 13,000
☑なみちゃんWedding
②万 + 30,000
☑エリシオンタイヤ
古いから新しいものに 30000

4月 Ⓡ年中さん☆
☑Ⓗ予防接種
ロタ1 14,000
☑Ⓚボトム 10000
☑圧力鍋（電気）
15000
☑布団収納用ラック
15000

5月 Ⓩヨガstart!
☑Ⓗ予防接種
ロタ2 14,000
☑Ⓚ免許更新
3,000
☑敷地調査 30,000
設計依頼申込
100,000
☑自動車税 45,000
☑軽 〃 8,600

6月 ボーナス
ⓀBD!
☑全市 28,000
☑Ⓚ6/20～30食費
8,000
☑全消 10970
☑ⓀBDケーキ 3000
プレゼント 10000

7月
☑火災保険 17,000
☑レガッタ年会費
5,000
☑まい出産祝い
5,000

8月
☑BDケーキ 3000
☑畑くん合祝
10,000
☑盆おそなえ 3000

9月 Ⓝ3才BD!
☑ⓃBDケーキ 3000
プレゼント 5000
☑積井くんWedding
30000

10月 第2弾本発売!!
□加納くん
Wedding 30000
□Ⓝ七五三前撮り
5400
□東京（10/7～19）
経費9万位

11月 ⓏBD!
□Ⓝひもおとし
5000
○撮影 5千位？
○ヘアセット着付
2万位？
□地鎮祭

12月 ボーナス
X'mas
□ⓇⓃⒽディナー＆
X'masプレゼント
～20,000
□年賀状 7,000

実際

生活費の把握のページで意識しきれない合計金額は表にして、
月ごとに上書き合計をし把握しましょう。
大きな金額に驚きます。

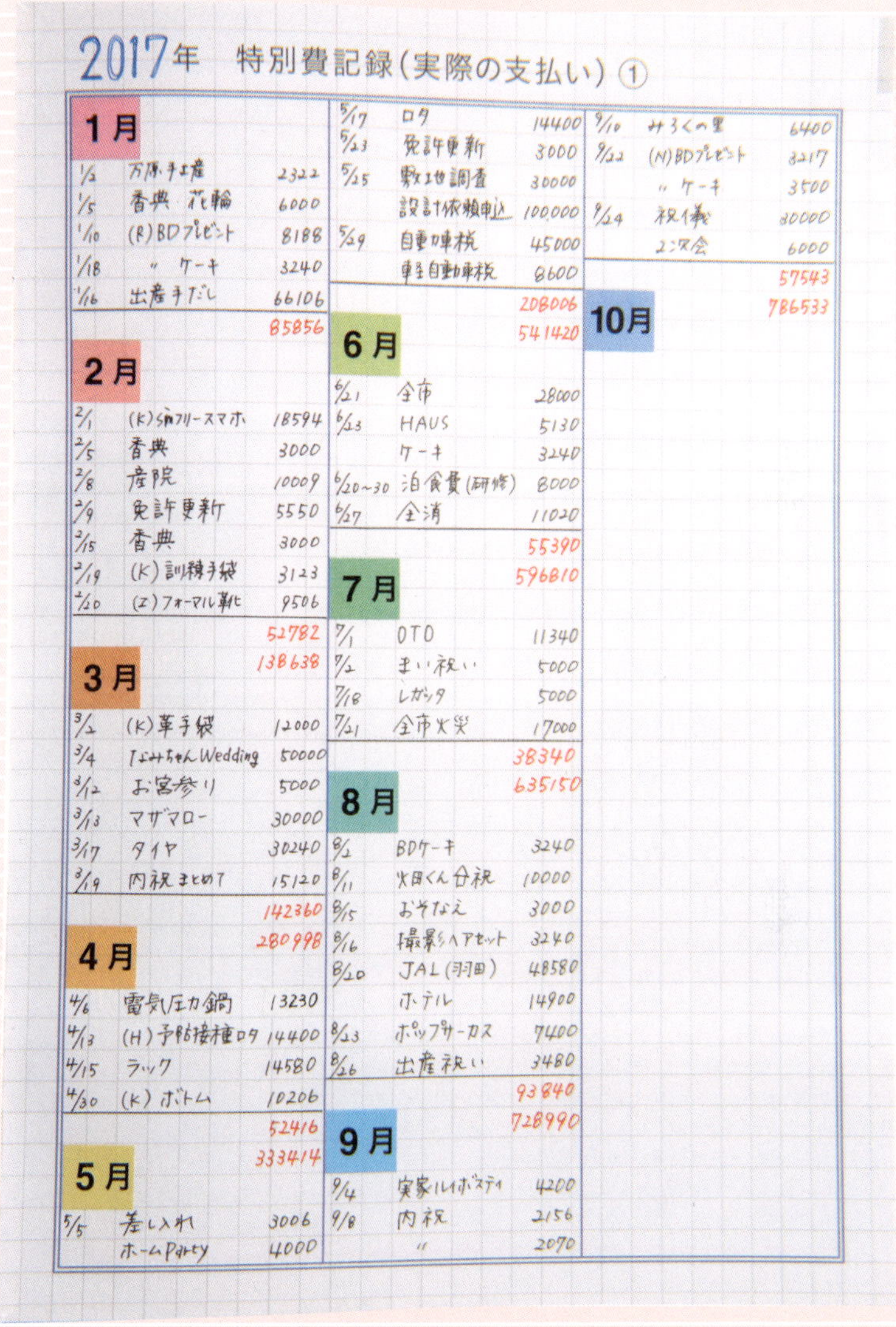

2017年　特別費記録(実際の支払い)①

1月

1/2	万歩計	2322
1/5	香典 花輪	6000
1/10	(R)BDプレゼント	8188
1/18	〃 ケーキ	3240
1/16	出産手だし	66106
		85856

2月

2/1	(K)simフリースマホ	18594
2/5	香典	3000
2/8	産院	10009
2/9	免許更新	5550
2/15	香典	3000
2/19	(K)訓練手袋	3123
2/20	(I)フォーマル靴	9506
		52782
		138638

3月

3/2	(K)革手袋	12000
3/4	はみちゃんWedding	50000
3/12	お宮参り	5000
3/13	マザマロー	30000
3/17	タイヤ	30240
3/19	内祝まとめて	15120
		142360
		280998

4月

4/6	電気圧力鍋	13230
4/13	(H)予防接種ロタ	14400
4/15	ラック	14580
4/30	(K)ボトム	10206
		52416
		333414

5月

5/5	差し入れ	3006
	ホームParty	4000
5/17	ロタ	14400
5/23	免許更新	3000
5/25	敷地調査	30000
	設計依頼申込	100,000
5/29	自動車税	45000
	軽自動車税	8600
		208006
		541420

6月

6/21	全市	28000
6/23	HAUS	5130
	ケーキ	3240
6/20~30	泊食費(研修)	8000
6/27	全消	11020
		55390
		596810

7月

7/1	OTO	11340
7/2	まい祝い	5000
7/18	レガッタ	5000
7/21	全市火災	17000
		38340
		635150

8月

8/2	BDケーキ	3240
8/11	畑くん合祝	10000
8/15	おそなえ	3000
8/16	撮影ヘアセット	3240
8/20	JAL(羽田)	48580
	ホテル	14900
8/23	ポップサーカス	7400
8/26	出産祝い	3480
		93840
		728990

9月

9/4	実家ルイボスティ	4200
9/8	内祝	2156
	〃	2070
9/10	みろくの里	6400
9/22	(N)BDプレゼント	3217
	〃 ケーキ	3500
9/24	祝儀	30000
	2次会	6000
		57543
		786533

10月

月
9/25

子どもたちから絵のプレゼントとっても嬉しかったです

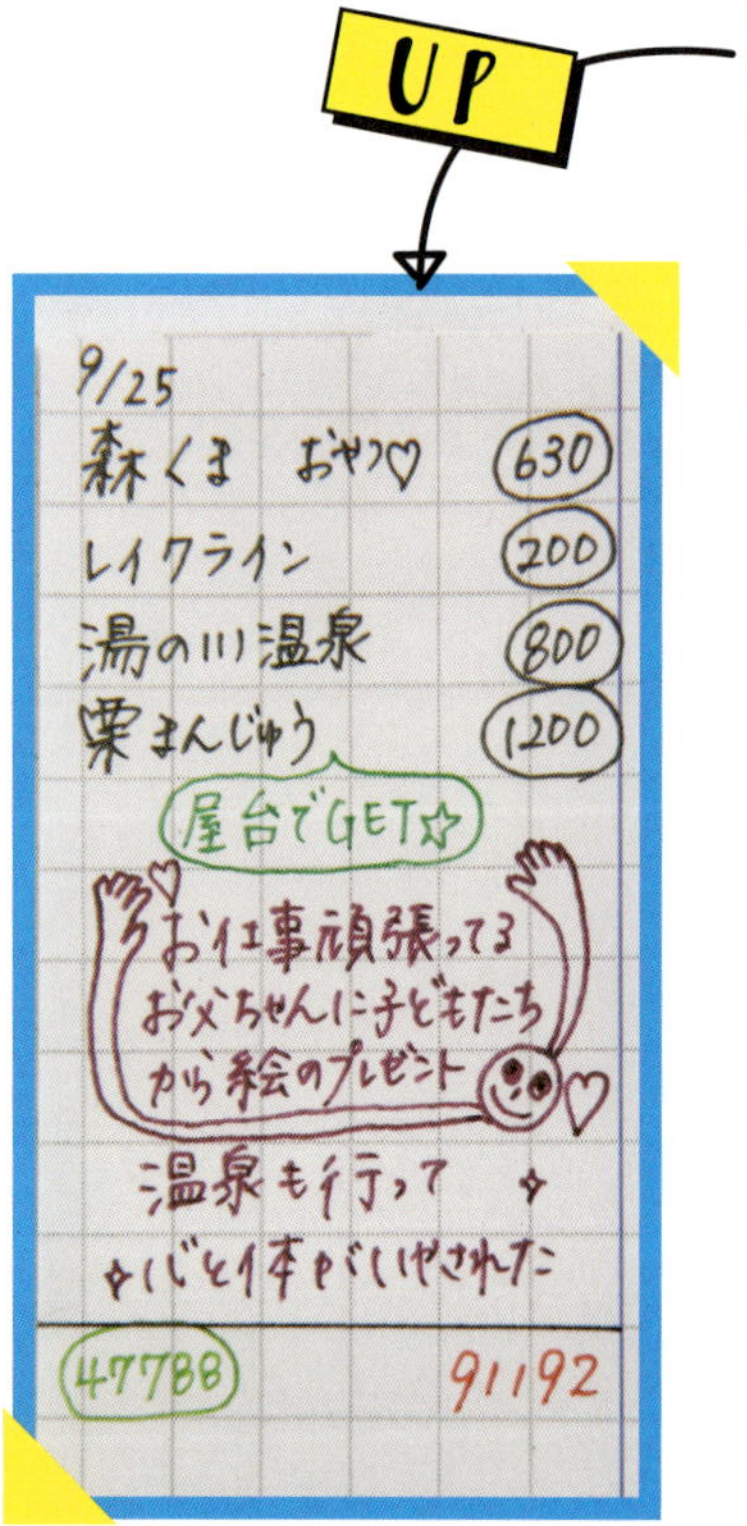

子どもたちからのプレゼントは部屋に飾ります

子どもの成長は早いですね。「いつの間にこんなに上手に絵が描けるようになったの!?」と驚かされました。上手に描いてプレゼントしてくれる。親はそれだけで嬉しいもの。そうした手作りのプレゼントをもらったら、伝わるようにお礼を言い、しまい込まずに、部屋に飾るようにしています。喜んでいるという気持ちを子どもにもきちんと伝えたいと思います。

この日は行きつけのパン屋さんのテラス席で美味しくおやつタイムをしました。レイクラインで松江市内をぐるっと一周。夜は温泉でくつろぎ一日充実しました。予算内に収まっているとわかっているので、心置きなく過ごすことができました。

☑現金
□カード
□その他
使ったお金 2,830円
上書き合計 91,192円

お父ちゃんに絵を贈ろう!!

「私は好きなピンク色で描こう!」長女はやっぱり女の子。

「どんな絵を描こうかな」と自由に描いています。

お父ちゃん、
上手に描けたよ!

長女から絵をもらい、夫もとっても嬉しそう。

夫に絵を手渡す長男。すっかり大きくなりました。

何を
描いたと思う?

これは
どんなものを
描いたの?

火
9/26

実家から食料品のプレゼント 月末だからより嬉しい

UP

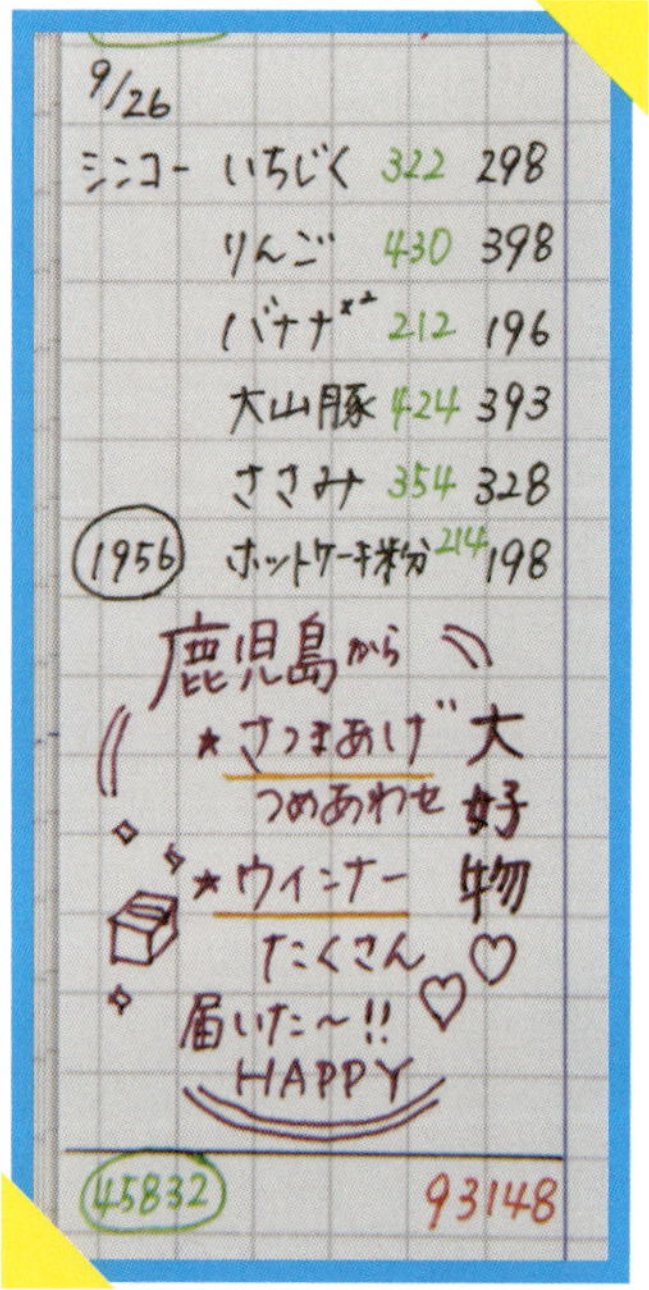

買ってはいないけれどいただいた食材が把握できる上に、振り返ったときに「この月はこの日に送りものがあったから買い足さずに済んだんだね」と思い出せます。いただいたことも忘れずにいたいです。

ウインナーは実家からよく届きます

私の父は肉加工品メーカーにずっと勤めており、よくウインナーやハムなどを送ってくれます。今日もたくさんのウインナーが届きました。子どもたちも大好きで今日はウインナーパーティ。月末に届くと本当に助かります。サラダやチャーハンに入れてもいいし。私の故郷、鹿児島名物さつまあげもよく送ってくれるんですよ。もちろん、家計簿にも記録します。

思い切り食べます。本当に美味しいんですよ！ 大人も子どもも大好き。ふだんから常備しています。

☑現金
□カード
□その他

使ったお金
1,956円

上書き合計
93,148円

づん家の月末の過ごし方

月末になるとよけいな買い物は極力しないようにします。家にあるもので対応して過ごすのです。

たとえば朝食のパン。いつもはパン食の我が家ですが、月末はお米があるならおにぎりでいいかなと、パンを買わずに済ませてしまうこともよくあります。残っているものを最大限有効活用するんです。

ボディソープなども、なければ石鹸で代用し、買うのは月が改まってから。こういうちょっとした工夫が最終的な黒字幅を増やしてくれると私は思っています。

月末になると乾物や缶詰などのストック品の出番も増えます。ちょっとだけ残っていたり、もらってそのまま置いてあったり、そうした食料品って意外と忘れてしまって、気がついたら消費期限が切れていたなんてこともありがち。月末にそういういわば「在庫一掃」をすれば、家計も助かり無駄もなくなり一石二鳥なんですよ。

いつもはパンですが、月末は朝食がお米（おにぎり）なことも。

水
9/27

ユニクロで家族の服をお買い物 クレジットカードチェックもしました

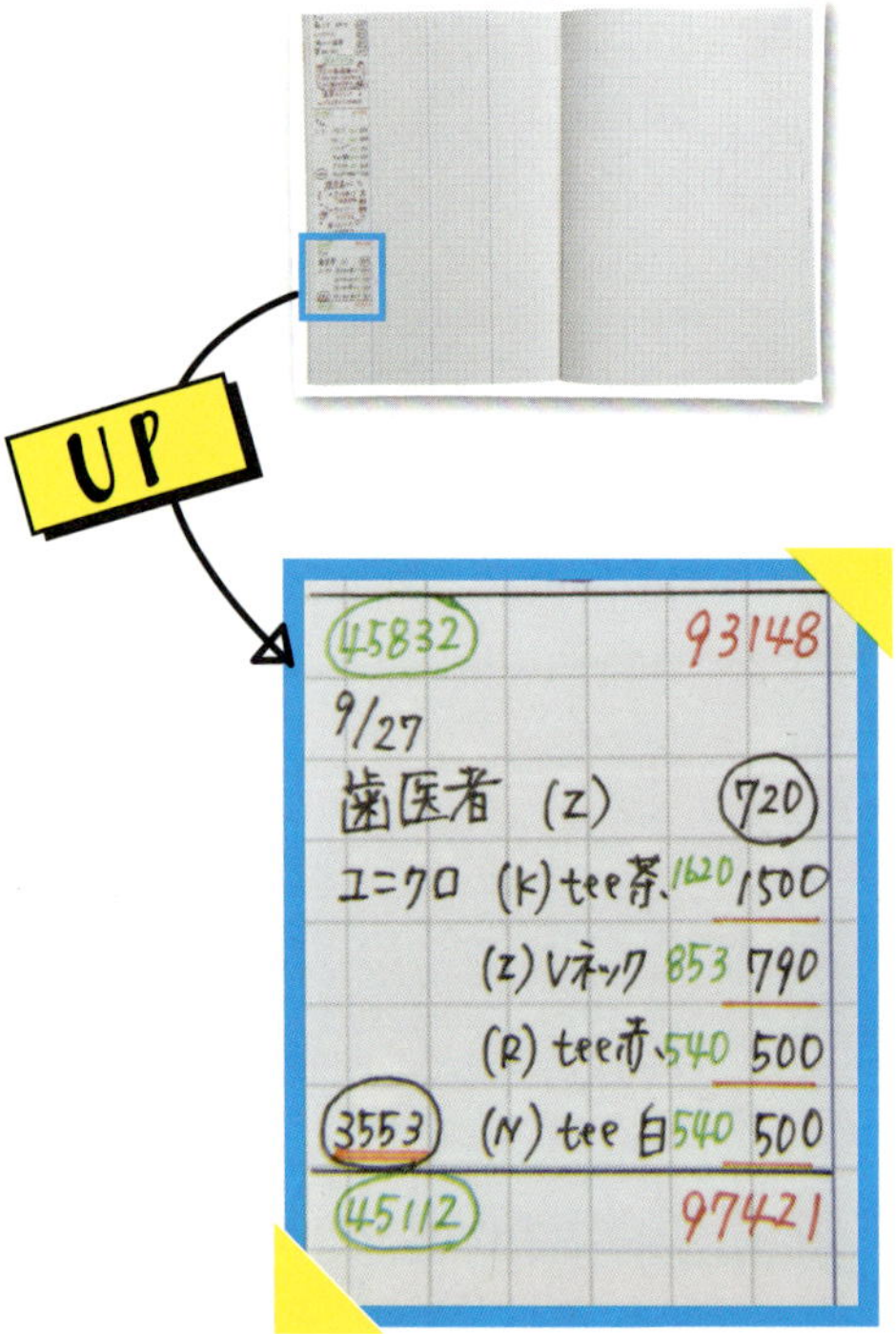

家族のイニシャルを家計簿へ

月末ですが、たまたまユニクロに行く機会があり、必要なものだったのでいくつか買い物をしました。家族の買い物のときは、誰のものを買ったかわかるように、イニシャルを入れています。こうしておくと、誰のための買い物なのかがわかり、振り返りやすいです。家族の欲のバランスを取りやすくなるので誰の出費かわかるように記入することをおすすめします。

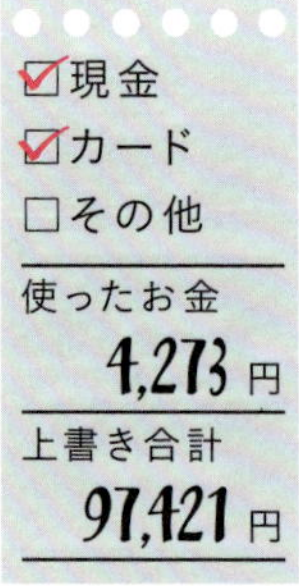

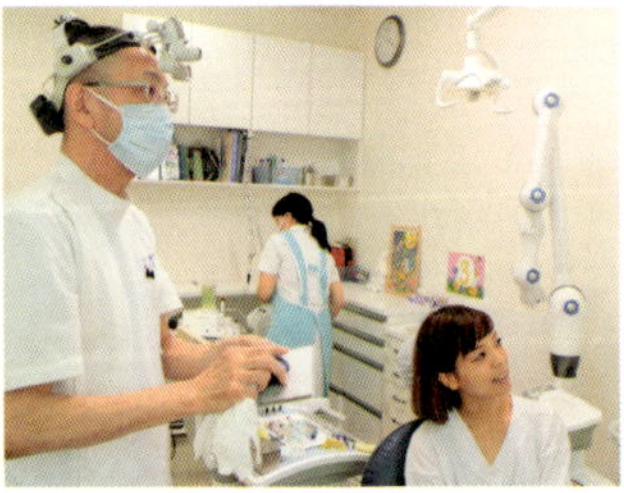

ひらもと歯科

歯医者さんにも行きました。

月に1回、必ずクレジットカードの支払いと家計簿を照らし合わせるようにしています

クレジットカードでの支払いは、引き落としで現金が動かないので、家計簿につけること自体を忘れてしまうことも起こりがち。私は月に1回は必ず、スマホでカードの履歴を見つつ、それがすべて書かれてあるかをチェックしています。ポイントを貯めるために、カードが使えるお店では基本的に少額であってもカード払いが基本の私にとって、これは絶対必要な作業なのです。家計簿を振り返り、金額の斜め上に☑を入れていきます。

カードの明細はペーパーレスのためアプリで確認が取れるようにしています。

Point! クレジットカードの**不正利用**

カード会社にまず申告！

インターネットにカード番号を入れれば、持ち主でなくても買い物ができてしまう御時世。不正利用も多くなっています。カードの利用状況を確認して不正利用があったときはカード会社に申告すれば、遡って保証してくれます。

木 9/28

すべての固定費が埋まりました
固定費の総額はここで決定

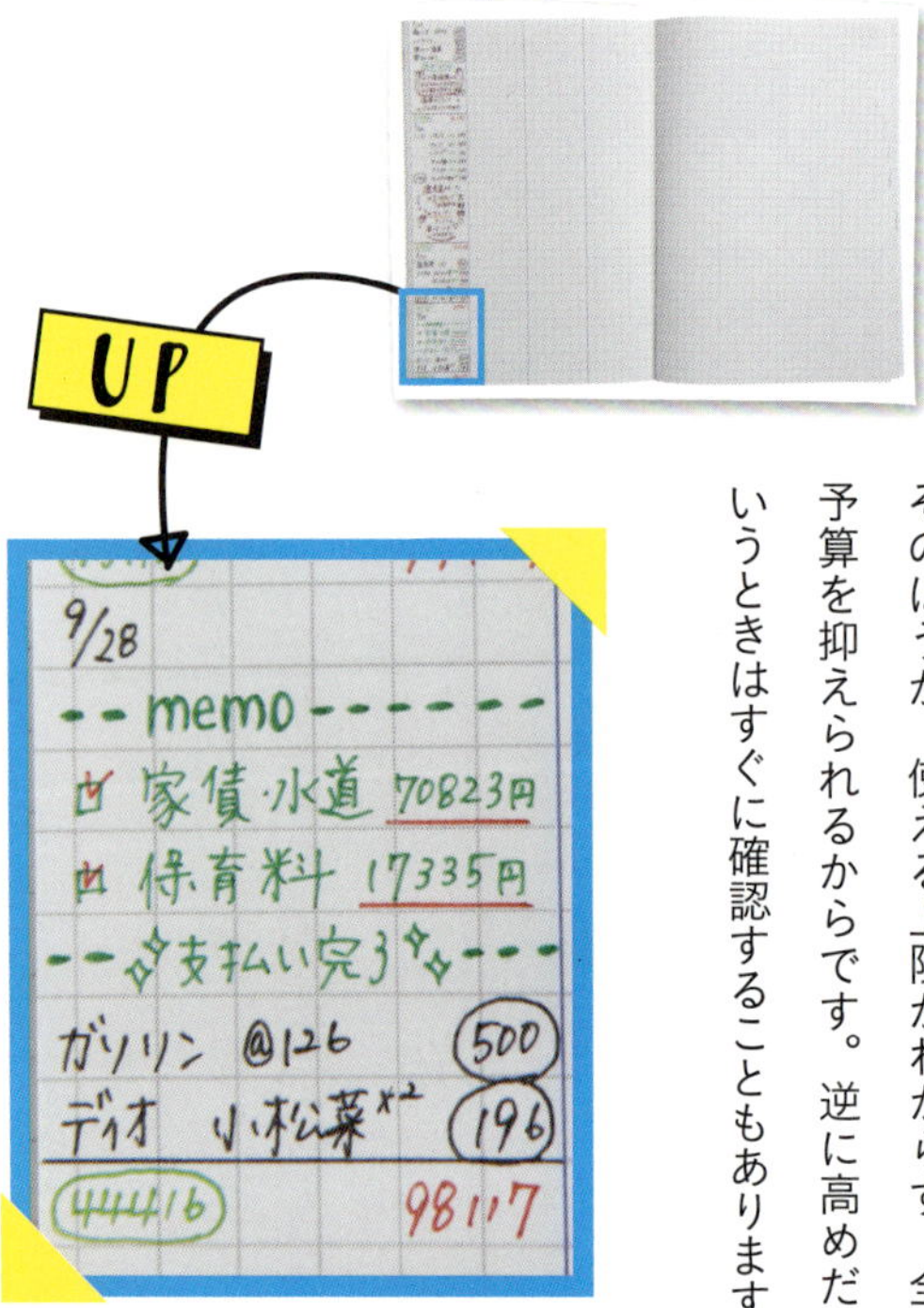

月末はガソリンも少しずつ入れる

固定費の総額はぎりぎりまで計算しません。そのほうが、使える上限がわからず、全体の予算を抑えられるからです。逆に高めだなというときはすぐに確認することもあります。

また、月末はガソリンを入れるのも少しずつ。使う分だけ入れるという感じでしょうか。夫がガソリンを入れるときは、月末の予定を確認して「このくらいあれば足りるだろう」と考えてくれるようになりました。

☑現金
□カード
□その他

使ったお金 696円

上書き合計 98,117円

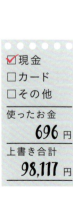

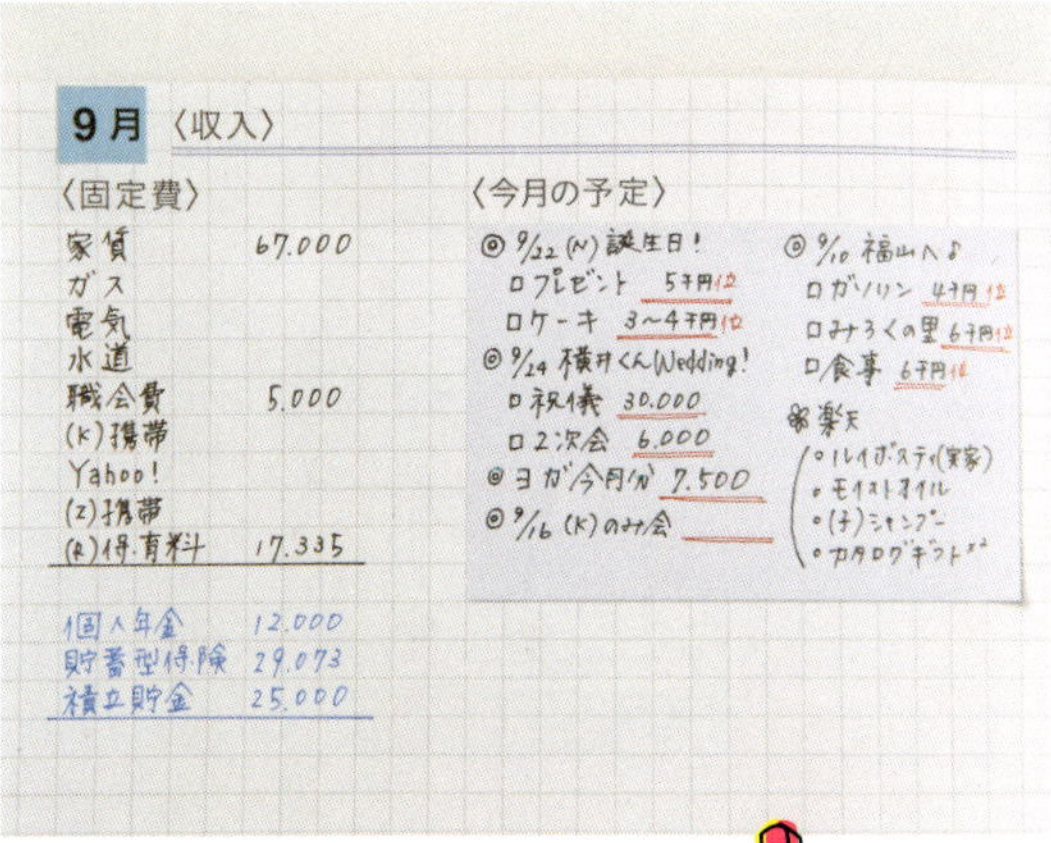

ところどころ
歯抜け状態だった
固定費が……
ようやく埋まりました！

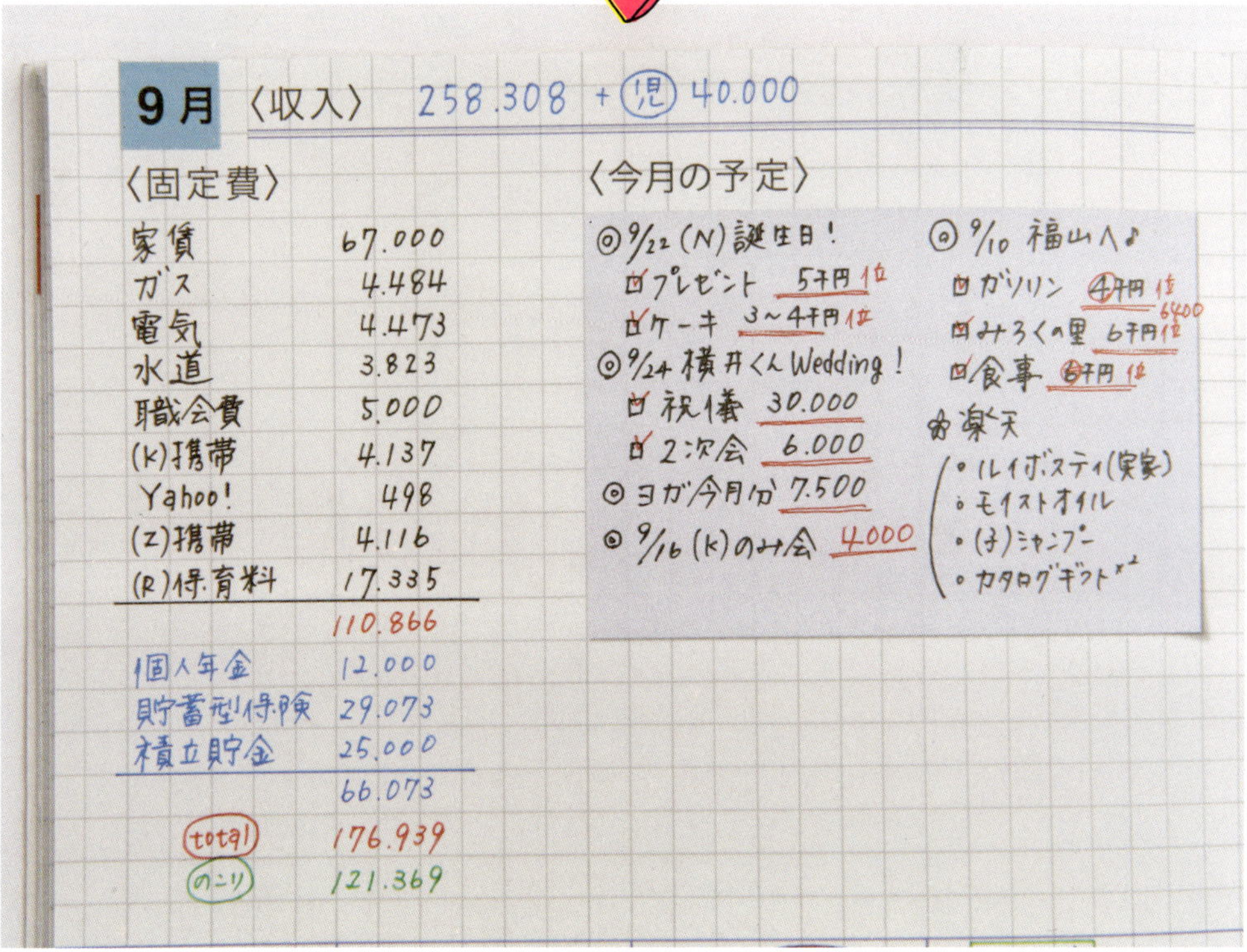

金

9/29

9月もあと少しで終わり 基本的に買い物はしません

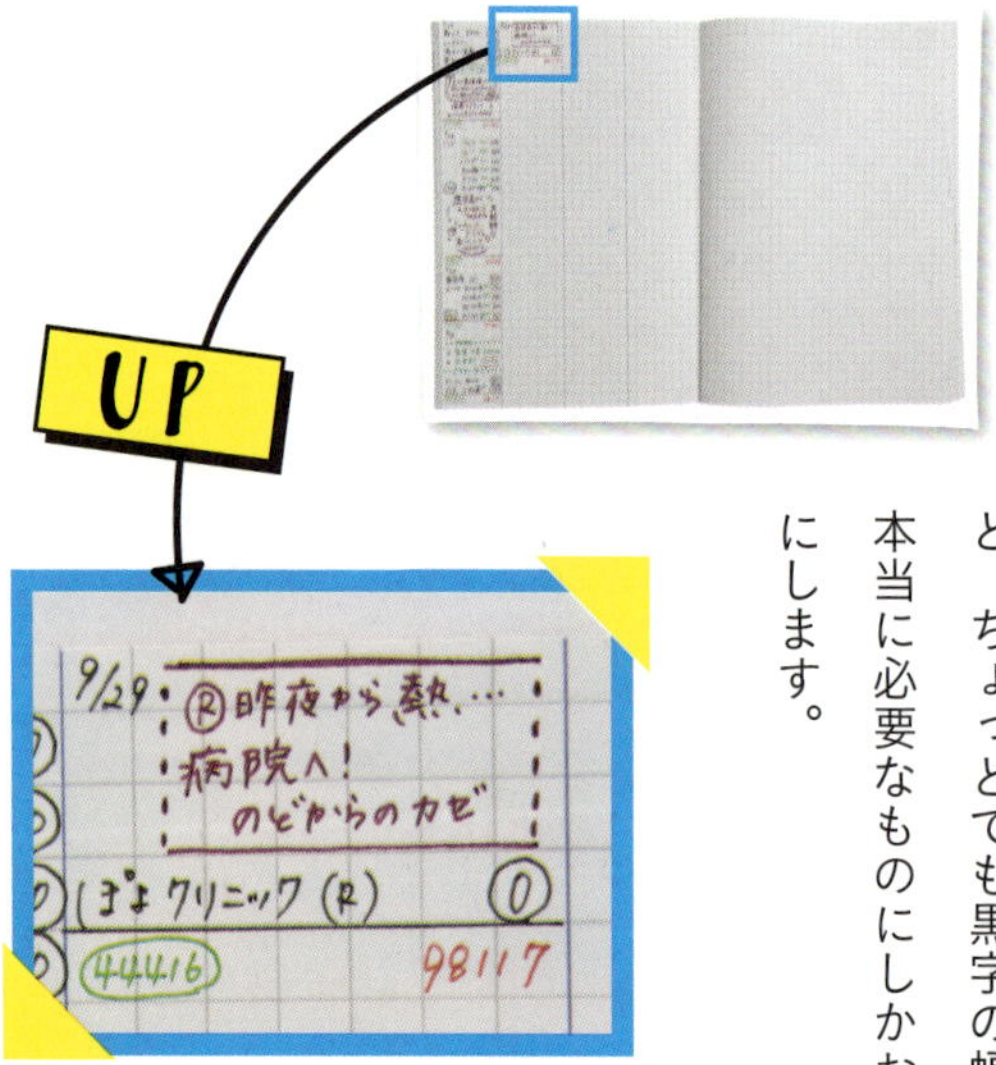

9月のカウントダウン開始

いよいよ9月もあと少し。ここまで来ると、ちょっとでも黒字の幅を大きくしたくて本当に必要なものにしかお金を使わないようにします。

この日は長男が熱を出し病院へ。幼いうちはよくウイルスをもらってくるので、子どもの医療費がかからないのは助かります。0円でしたが、病院へ行った記録は残します。

□現金
□カード
□その他

使ったお金
0円

上書き合計
98,117円

お金を使っていないから上書き合計は一緒

ホワイトボードを活用しています

買うものをすぐ書けるように冷蔵庫の横の目につくところにホワイトボードを設置しています。用事のついでにお店に寄って買って帰るというスタンスでいるので、写真を撮ってからでかけます。

ストック棚も何が入っているかひと目でわかるくらいしかものを詰めません。スカスカくらいなほうが、無駄なものを買わなくて済むのです。

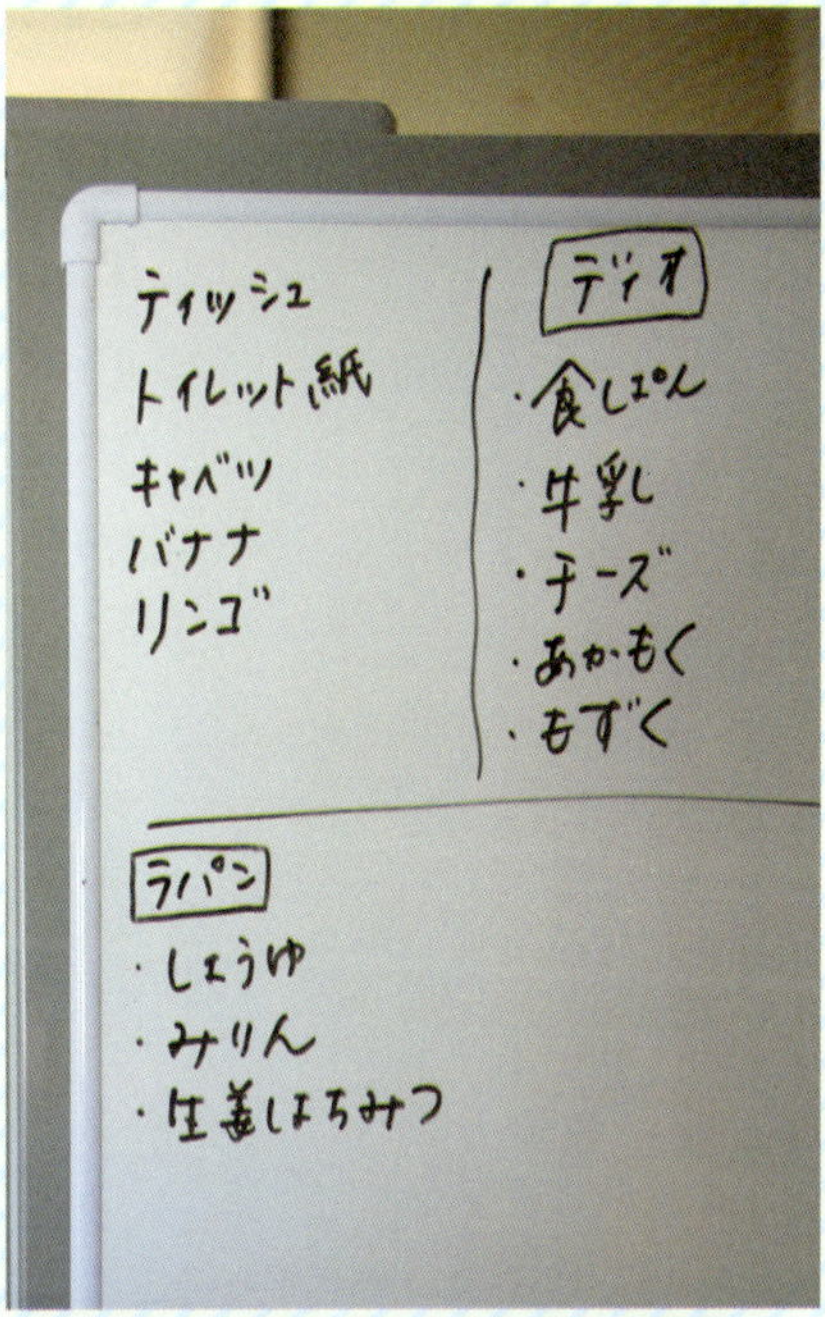

ストック棚はなるべくスカスカになるくらいにしています。把握できる量を持つようにしています。

土 9/30

9月も今日で終わり
最終日は残りもの整理

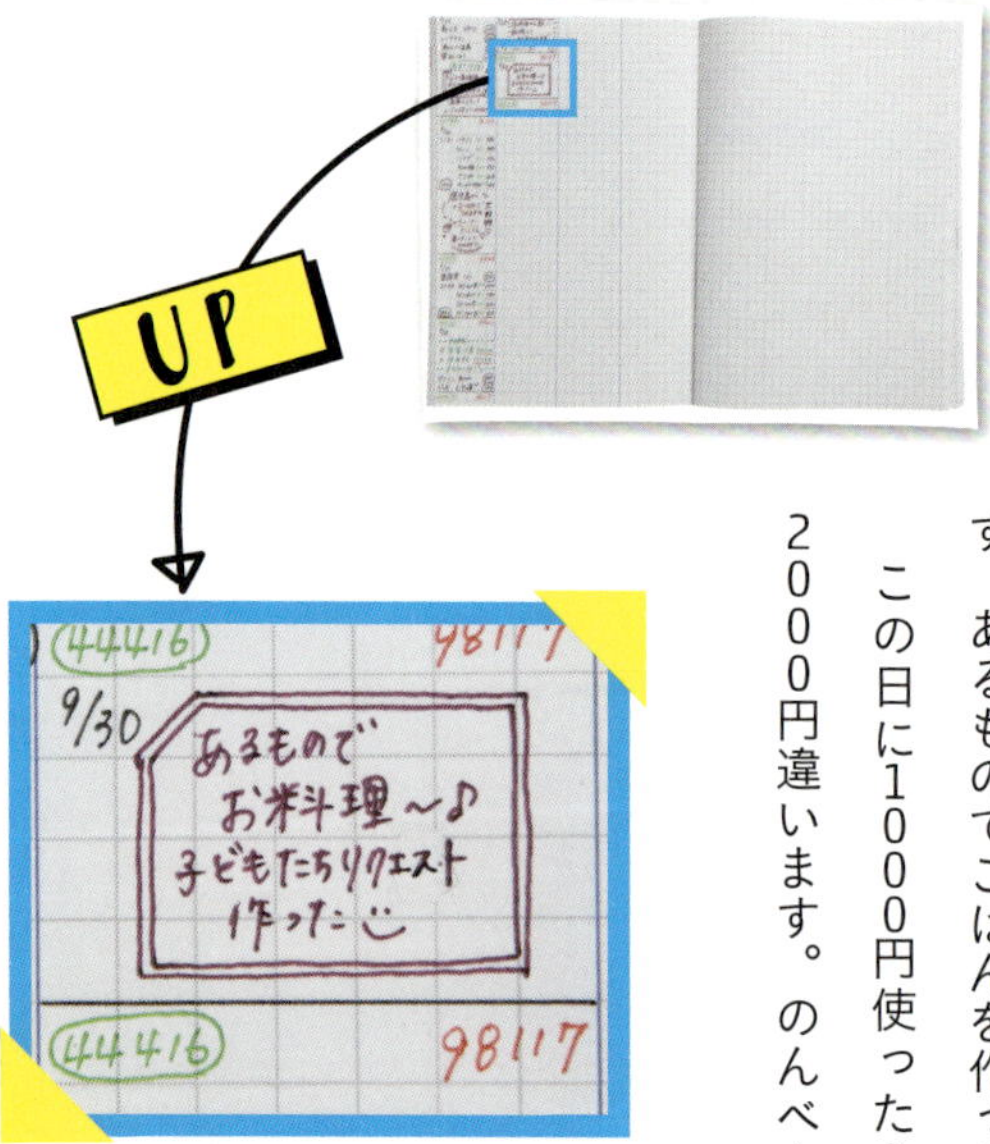

使うときと使わないときの差をつける

づん家では月末はだいたい残りもの料理です。あるものでごはんを作っちゃいます。

この日に1000円使ったら、1年で1万2000円違います。のんべんだらりとお金を使うよりも、メリハリをつけたほうがいいというのが私の考え方。月末は予定していること以外でお金を使う気持ちにならないので、自然とあるもので過ごせています。

キッチンは常にきれいにを心がけています。

□現金
□カード
□その他

使ったお金
0円

上書き合計
98,117円

お金を使っていないから
上書き合計は一緒

残りもの料理のすすめ

1今日はピーマン、にんじん、玉ねぎ、キャベツ、まいたけ、ツナを使いました。2油をしいてこんがり両面を焼きます。3塩味などはついていません。お好みで醤油やポン酢をかければおつまみにもなります。

子どもたちに大人気のおやき

残りもの料理といっても、美味しくなかったら幸せになれませんよね。ということで、私がよく作る、残り野菜のおやきを紹介します。

作り方は本当に簡単です。残っている野菜を細かく刻んで、小麦粉のかわりにすりおろしたじゃがいもとツナ、卵を混ぜて形成し、後はフライパンで焼くだけ。じゃがいもの甘みとまいたけの風味、ツナの旨みがあるので、味つけは基本的に必要なし。やさしい味わいで子どもたちも大好きです。

この料理、いろいろアレンジできます。きのこはしいたけやえのきだけでもよいですし、じゃがいものかわりに山いもでも美味しいですよ。

1か月が終わったら……

1

生活費として使える金額を算出する

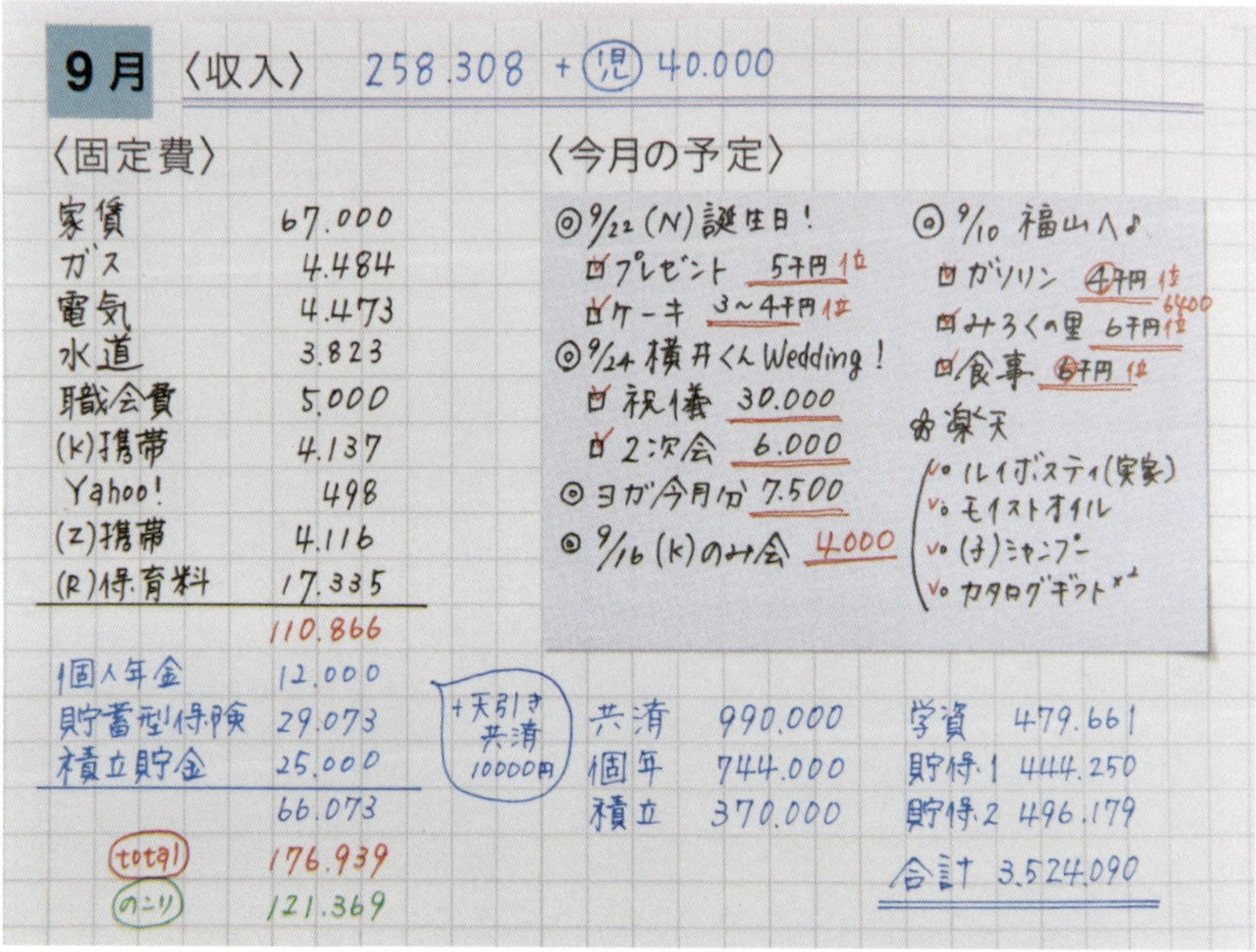
9月 〈収入〉 258.308 + 児 40.000

〈固定費〉

家賃	67.000
ガス	4.484
電気	4.473
水道	3.823
職会費	5.000
(K)携帯	4.137
Yahoo!	498
(Z)携帯	4.116
(R)保育料	17.335
	110.866
個人年金	12.000
貯蓄型保険	29.073
積立貯金	25.000
	66.073
total	176.939
のこり	121.369

+天引き 共済 10000円

〈今月の予定〉

◎9/22(N)誕生日!
☑プレゼント 5千円位
☑ケーキ 3~4千円位
◎9/24 横井くんWedding!
☑祝儀 30.000
☑2次会 6.000
◎ヨガ今月分 7.500
◎9/16(K)のみ会 4000
◎9/10 福山へ♪
☑ガソリン 4千円位
☑みろくの里 6千円位 6400
☑食事 6千円位
楽天
ルイボスティ(実家)
モイストオイル
(子)シャンプー
カタログギフト×2

共済	990.000	学資	479.661
個年	744.000	貯保1	444.250
積立	370.000	貯保2	496.179
		合計	3.524.090

まずは固定の出費と貯金額を足して、固定費の総額を出します。夫の給与と児童手当を足したものが総収入となるので、そこから固定費の総額を引きます。算出される金額が9月の生活費として使っていい「枠（予算）」の金額となります。

固定の出費 → 110,866円

固定の貯金額 → 66,073円

固定費の総額 → 176,939円

9月の総収入 → 258,308円 ＋ 40,000円 ＝ 298,308円

298,308円 − 176,939円 ＝ **121,369円**

2

黒字か赤字かが判明

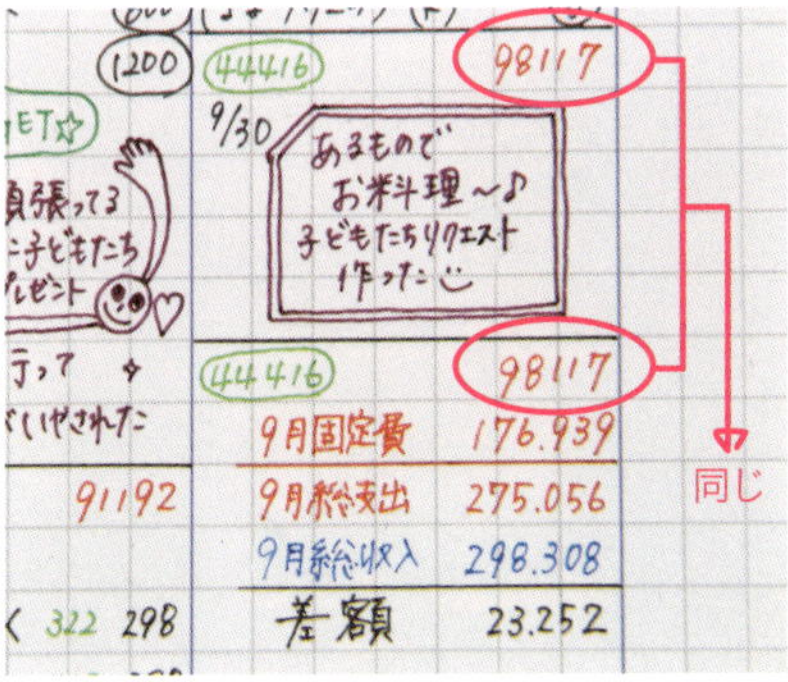

9月30日の上書き合計がそのまま9月のやりくり（生活費）の総額になります。その下に固定費を書き、足し算をして9月の総支出を出します。そして総収入を書き出し、黒字か赤字か、その差額がどのくらいだったかを出します。

3

今月のクレジット払いなどの総額を算出する

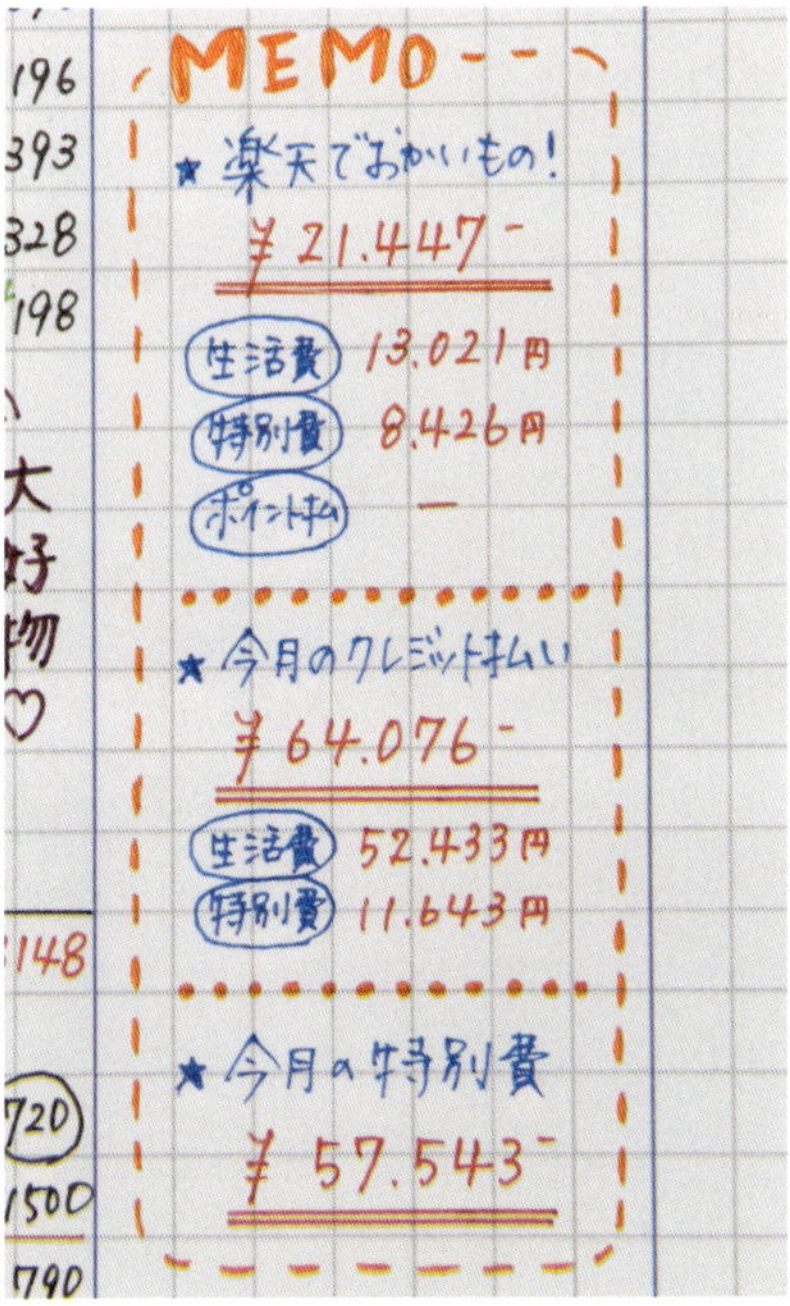

大手ショッピングサイトでいくら使ったか、その他のクレジットカードでいくら使ったか、そして特別費はいくらだったかを計算しておきます。クレジットの総額は引き落とし口座に移し、後は引き落とされるのを待つだけ。そうすることでお金を“使っている”と実感できます。総額は常に把握しましょう。また、特別費も同じくいくらかかったかわかっていることが重要です。

4

9月の振り返りをする

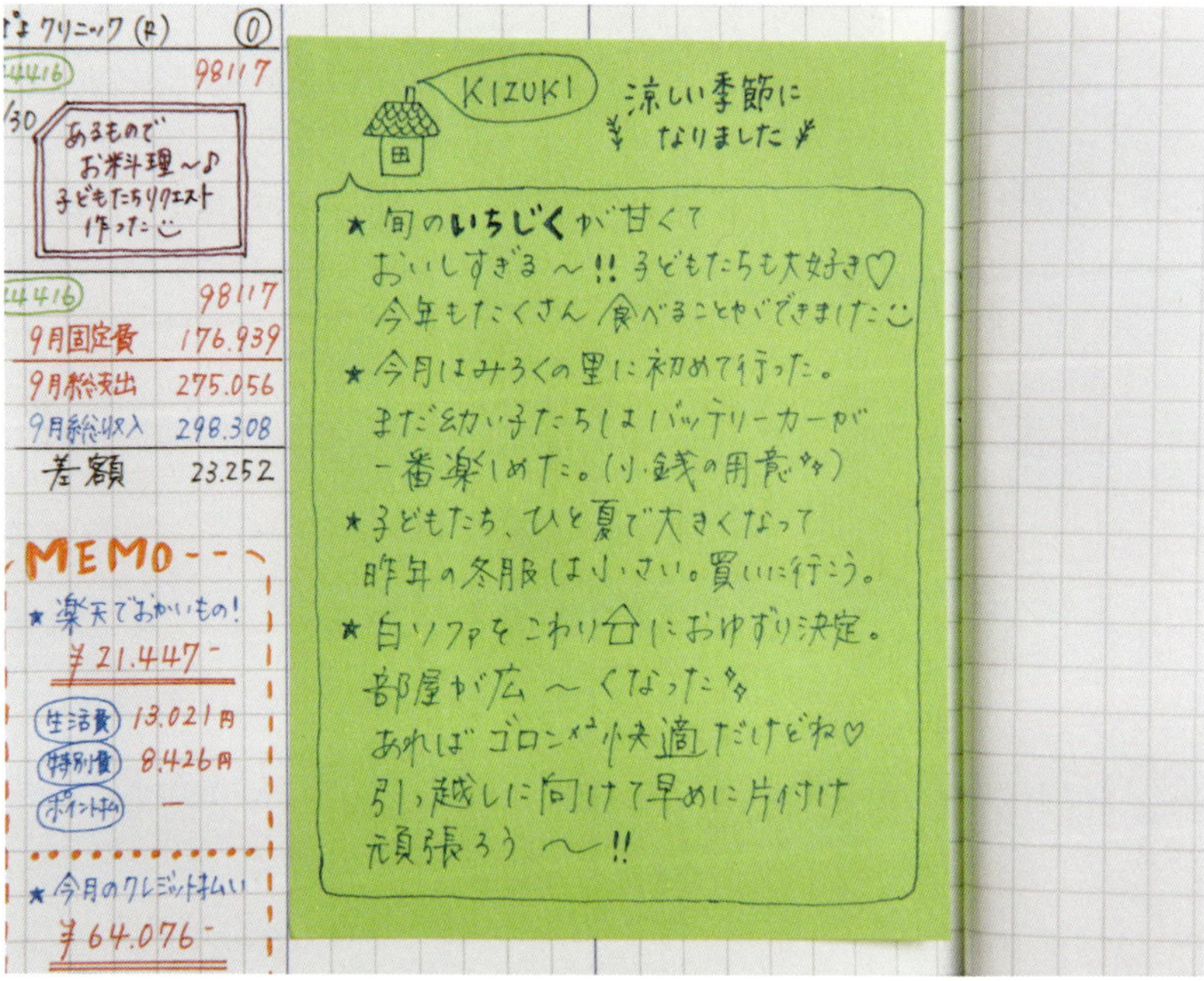

ふせんを使うともっと楽しい！

『づんの家計簿ノート』は3ページめまで線が引いてあるので、3ページの始めのほうで終わった場合、残りの空欄でふせんを活用し、集計を楽しみます。気づいたこと、その月の感想などを書いていきます。色鮮やかなふせんを使うと、家計簿の誌面がにぎやかになりますし、間違えたら書き換えるのも簡単です。

ふせんはいろいろな種類を持っていて、お気に入りのものはどんどん使います。かわいくて使うのがもったいないはダメ。使ってこそ価値があります。

メモを書く欄があるもの、蛍光色のものなど私のコレクション。

5
来月の予定を書き出す

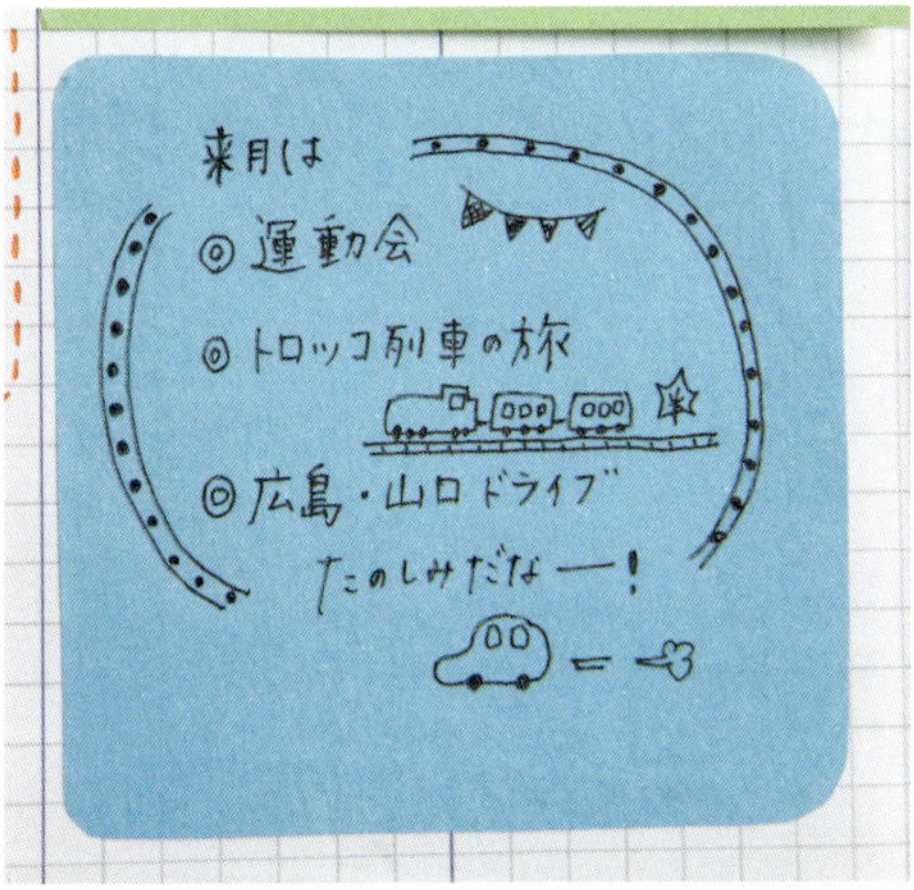

来月のだいたいの予定もこの欄に書いておきます。おでかけやイベントなどの予定はだいたい出費と直結するもの。「ちょっと来月はお金を使う予定が多いな」と思ったら、予算からすでにどのくらいの予定の出費があるか書き出して意識することで、月初から飛ばしすぎないで過ごせます。

6
これからのTodoや気づきを書く

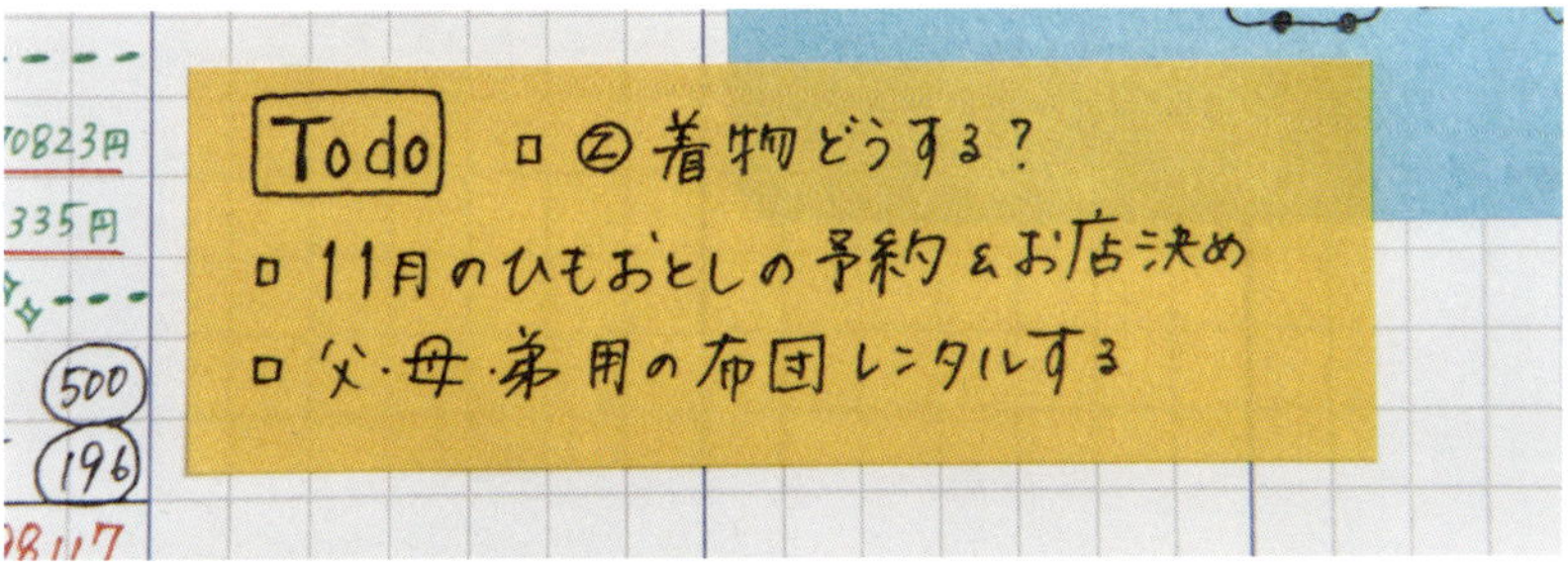

Todoリストもこのページに書き込みます。お店の予約や列車&飛行機の手配など忘れたら大変なことを書いておくと、家計簿は毎日のように見直すので忘れずに済みます。2か月、3か月先の予定で今からできることがあれば書き出しておきます。早めに動くことで「早得」など割引もあります。お金のことももちろん書きますが、生活全般を書くのが私の家計簿です。

9月の家計簿完成！

9/9
ディオ 人参 159 147
トマト 199 184
玉ねぎ 214 198
りんご 298 276
バナナ×2 257 238
デラウェア 207 192
牛乳 171 158
超熟×2 296 274
納豆 149 138
豆腐×2 170 158
2502 バター 382 354
34584 37957
9/10 Fukuyama GO
ガソリン @128 3750
ディオ エクセラコーヒー 92 85
(子)どうぶつビスケット 214 198
595 グラノーラ 289 268
フレスタ 巻寿司 644 596
こんぶむすび×2 216 200
鮭むすび×2 259 240
十六茶×2 190 176
1521 麦茶×2 212 196
みろくの里 入場料 1800
〃 子ども 600
のりもの×3 3000
6400 バッテリーカー×5 1000
中華店 4114
じい・ばぁ家族と♡
27589 47937
9/11
今井書店 歩く東京
950円－図書カード＝0
27589 47937
9/12
TRIAL 小松菜×2 318
キャベツ 198
人参徳用 198
レタス 198
もやし×3 114
ミニトマト 198
玉ねぎ 298
オレンジ 398
キウイ 298
しめじW 158
なめこ 78
牛バラカルビ 271
鶏挽肉 251
手羽元 148
さしみ 298
ささみ 431
鶏もも肉 449
たまごM 149
ブルガリアヨーグルト×2 278
豆乳×2 318
牛乳×4 672
オイスターソース 129
(子)おっとっと 139
(子)せんべい 129
6415 シーチキン 299
21174 54352
9/13
古川眼科 (K) 1170
桃仙閣 5292
20004 60814
9/14
ディオ ウィンナー 386 358
本仕込×2 255 236
1029 シュレッドチーズ 388 359
昼夜 Ⓚ実家へ
・アスパラ・オクラ・トマト
・じゃがいも・カボチャ
感謝 いただいた～！
68975 ATM 5万おろす 61843
9/16
Salon フロート 600
飲み会 (K) 4000
なみちゃん なっちゃん 久しぶりにあえた♡
Ⓚ先日の大会のうちあげ！
64975 66443
9/17
ディオ 超熟 148 137
牛乳 192 178
662 あかもく 322 298
64313 67105
9/18
HOK 豚こま肉 500 463
チキンカツ 321 298
(子)ジョアピーチ 108 100
1037 (子)〃ブルーベリー 108 100
Ⓩ体調不良…
Ⓚ料理担当day
休ませてくれてありがとう～
白木クリニック (Z) 1050
2270 薬 1220
62043 70412
9/19 火曜市
イオン ばれいしょ×4 120
たまねぎ×5 150
大根 105
小松菜×2 100
(210－110)
とうもろこし×4 420
幸水梨 429
りんご×2 340
いちじく 298
キウイ×4 420
ネーブル 378
オーガニック豆腐 88
(105－17)
納豆 98
(138－40)
すし油揚げ 150
(181－31)
ぶなぴー・しめじ 170
エリンギ 84
えのき×2 124
しらす 213
豚肉 512
めかぶ 189
超熟 5枚 125
(149－24)
超熟 6枚×2 250
(298－48)
ゴーダチーズ 537
ケチャップ 192
6299 太香胡麻油 807
白ソファをこわり部屋スッキリ DANSHARI
62043 76711
9/20
エブリイ キャベツ 129
TRIAL (K)洗顔 298
696 トイレット紙 398
大平門 3726
歯医者 (Z) 3560
57658 84822
9/21 子ども服見直し！ 夏物整理 秋冬服チェック
57658 84822
9/22 Happy Birth Day 3才
イオン ステーショナリーBOX 3217
ウィーンの森 Cake♡ 3500
54158 84822
9/24
結婚式祝儀 30000
2次会 6000
横井くん ちゃん おめでとう～
TRIAL 人参 159
豆腐 79
合挽肉 261
鶏もも肉 706
たまごM 149
農協野菜days 159
カットわかめ 79
みそ 299
3540 こしひかり5kg 1649
50618 88362

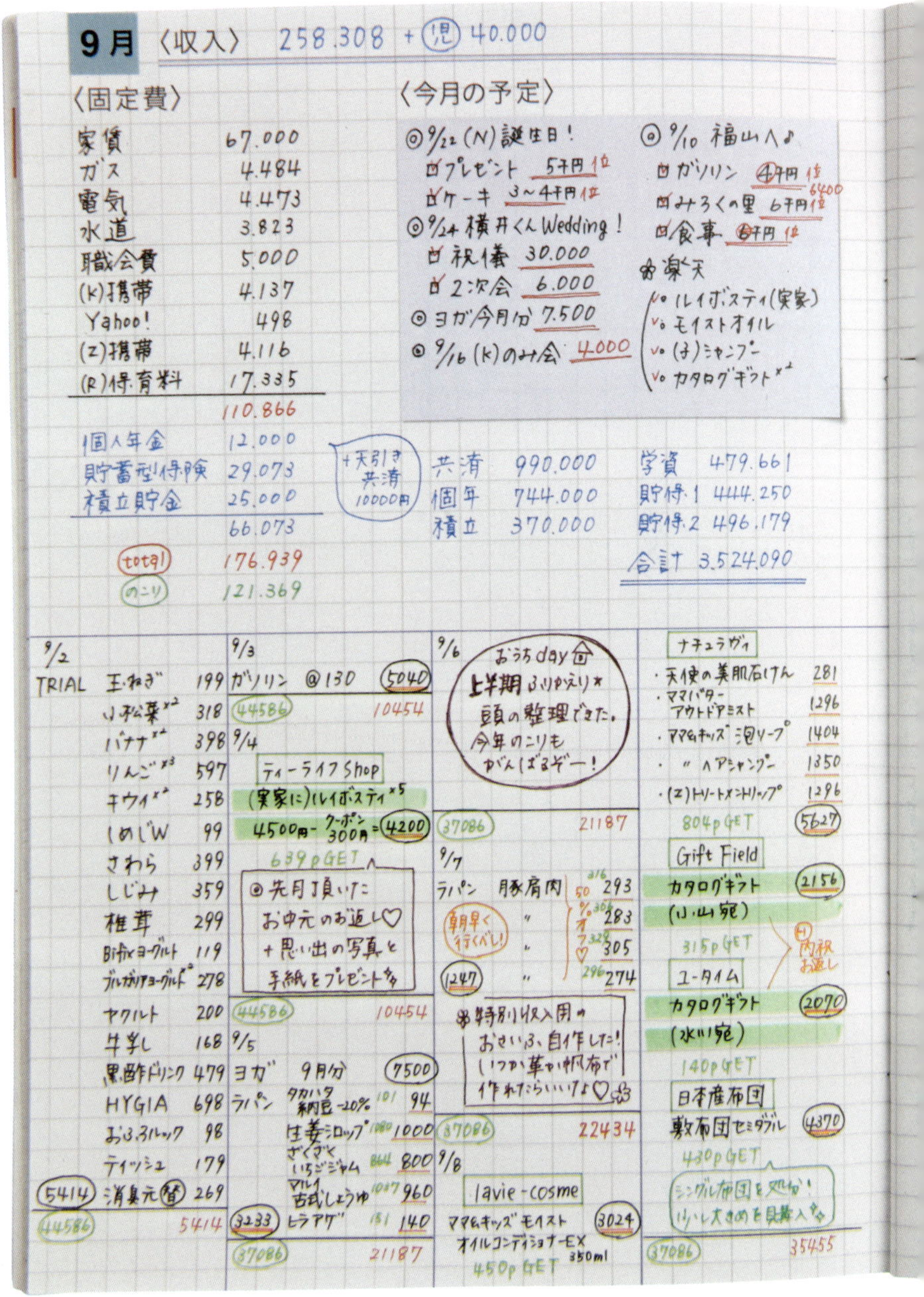
9月 〈収入〉 258.308 + 児 40.000
〈固定費〉
家賃 67.000
ガス 4.484
電気 4.473
水道 3.823
職会費 5.000
(K)携帯 4.137
Yahoo! 498
(Z)携帯 4.116
(R)保育料 17.335
110.866
個人年金 12.000
貯蓄型保険 29.073
積立貯金 25.000
66.073
total 176.939
のこり 121.369
+天引き 共済 10000円
共済 990.000
個年 744.000
積立 370.000
学資 479.661
貯保1 444.250
貯保2 496.179
合計 3.524.090
〈今月の予定〉
◎9/22(N)誕生日！
☑プレゼント 5千円位
☑ケーキ 3～4千円位
◎9/24 横井くんWedding！
☑祝儀 30.000
☑2次会 6.000
◎ヨガ今月分 7.500
◎9/16(K)のみ会 4000
◎9/10 福山へ♪
☑ガソリン 4千円位 6400
☑みろくの里 6千円位
☑食事 6千円位
楽天
✓ルイボスティ(実家)
✓モイストオイル
✓(子)シャンプー
✓カタログギフト ×2
9/2
TRIAL 玉ねぎ 199
小松菜 ×2 318
バナナ ×2 398
りんご ×3 597
キウイ ×2 258
しめじW 99
さわら 399
しじみ 359
椎茸 299
Bifixヨーグルト 119
ブルガリアヨーグルト 278
ヤクルト 200
牛乳 168
黒酢ドリンク 479
HYGIA 698
おふろルック 98
ティッシュ 179
5414 消臭元 269
44586 5414
9/3
ガソリン @130 5040
44586 10454
9/4
ティーライフShop
(実家に)ルイボスティ ×5
4500円－クーポン300円＝4200
639pGET
◎先月頂いたお中元のお返し♡ ＋思い出の写真と手紙をプレゼント
44586 10454
9/5
ヨガ 9月分 7500
ラパン タカハタ納豆－20% 101 94
生姜シロップ 1080 1000
ざくざくいちごジャム 864 800
マルイ古式しょうゆ 1037 960
3233 ヒラアゲ 151 140
37086 21187
9/6
おうちday
上半期ふりかえり★ 頭の整理できた。今年のこりもがんばるぞー！
37086 21187
9/7
ラパン 豚肩肉 293
〃 283
〃 305
1247 〃 274
50%オフ♡
朝早く行くべし！
特別収入用のおさいふ、自作した！ いつか革や帆布で作れたらいいな♡
37086 22434
9/8
lavie-cosme
ママ&キッズ モイストオイルコンディショナーEX 350ml 3024
450p GET
ナチュラヴィ
・天使の美肌石けん 281
・ママバター アウトドアミスト 1296
・ママ&キッズ 泡ソープ 1404
・〃 ヘアシャンプー 1350
・(Z)トリートメントリップ 1296
804pGET 5627
Gift Field
カタログギフト 2156
(小山宛)
315pGET
ユータイム
カタログギフト 2070
(水川宛)
140pGET
内祝お返し
日本産布団
敷布団セミダブル 4370
430pGET
シングル布団を処分！ 少し大きめを購入
37086 35455

9月の家計簿完成！

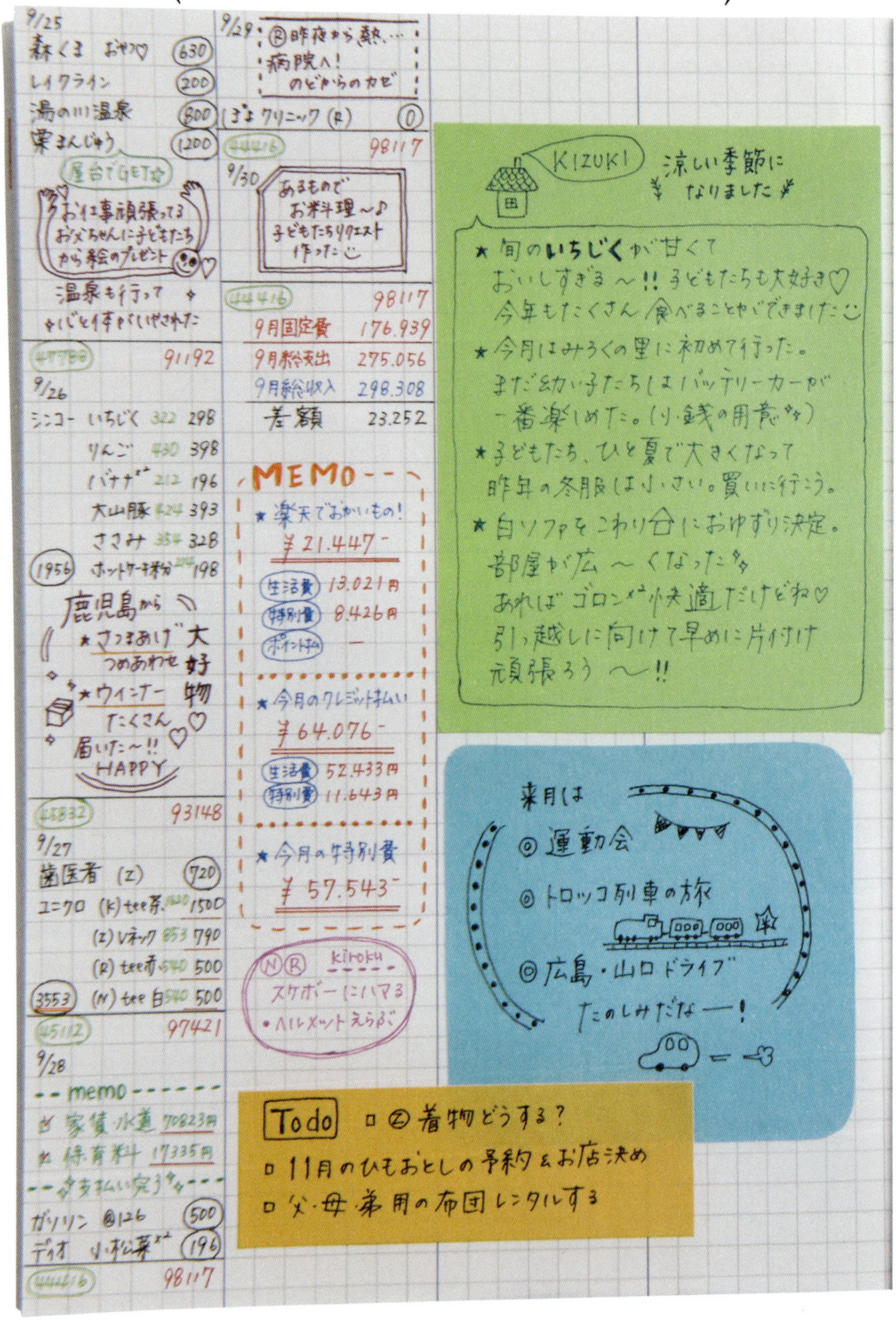
9/25
森くま おやつ 630
レイクライン 200
湯の川温泉 800
栗まんじゅう 1200
屋台でGET☆
お仕事頑張ってるお父ちゃんに子どもたちから絵のプレゼント
温泉も行って
からだと体がいやされた
91192
9/26
シンコー いちじく 322 298
りんご 430 398
バナナ 212 196
大山豚 424 393
ささみ 354 328
1956 ホットケーキ粉 198
鹿児島から
★さつまあげ つめあわせ
★ウインナー たくさん
届いた～!! HAPPY
大好物
93148
9/27
歯医者 (Z) 720
ユニクロ (K) teeスヌー 1500
(Z) Vネック 853 790
(R) tee赤 540 500
3553 (N) tee白 540 500
97421
9/28
memo
家賃 水道 70823円
保育料 17335円
支払い完了
ガソリン @126 500
ディオ 小松菜 196
98117
9/29
Ⓡ昨夜から熱…
病院へ!
のどからのカゼ
さくまクリニック (R) 0
98117
9/30
あるもので
お料理～♪
子どもたちリクエスト
作った
98117
9月固定費 176.939
9月総支出 275.056
9月総収入 298.308
差額 23.252
MEMO
★楽天でおかいもの!
¥21.447-
生活費 13.021円
特別費 8.426円
ポイント払 —
★今月のクレジット払い
¥64.076-
生活費 52.433円
特別費 11.643円
★今月の特別費
¥57.543-
ⓃⓇ kiroku
スケボーにハマる
・ヘルメットえらぶ
KIZUKI
涼しい季節になりました
★旬のいちじくが甘くておいしすぎる～!! 子どもたちも大好き♡
今年もたくさん食べることができました
★今月はみろくの里に初めて行った。
まだ幼い子たちはバッテリーカーが一番楽しめた。(小銭の用意を)
★子どもたち、ひと夏で大きくなって
昨年の冬服は小さい。買いに行こう。
★白ソファをこわり合におゆずり決定。
部屋が広～くなった
あればゴロンと快適だけどね♡
引っ越しに向けて早めに片付け
頑張ろう～!!
来月は
◎運動会
◎トロッコ列車の旅
◎広島・山口ドライブ
たのしみだな一!
Todo
□②着物どうする?
□11月のひもおとしの予約&お店決め
□父・母・弟用の布団レンタルする

無理をしないことが長続きさせる一番のポイント

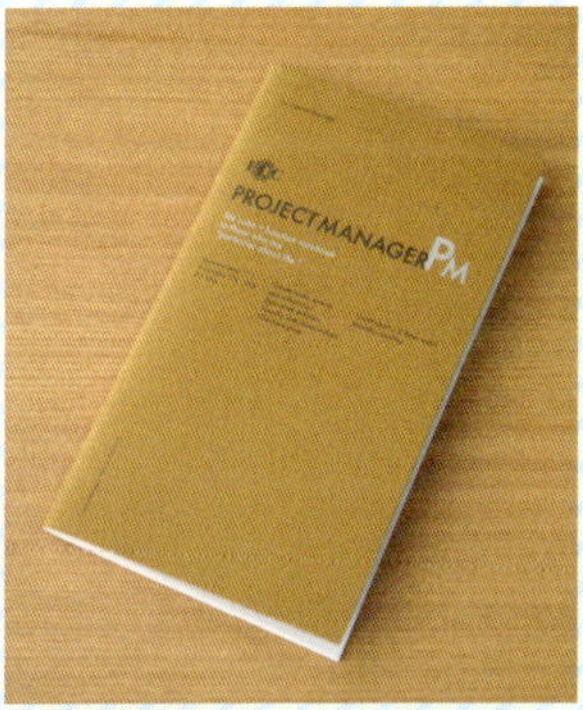

次男が産まれる前は写真にあるガントチャートと呼ばれる集計ノートを使い、知りたい数字を項目化して細かく集計していました。産後は無理なく続けようと、以前のやり方をお休みし、ゆとりが出たときに再開しようと思っています。知りたい情報をまとめたい方は書き出す習慣が身についたら、次のステップとしてぜひ活用してみてください。家計簿をつけることはやめないけれど、必要最低限な付け方で今は把握しています。以前はケイ線を自分で引いていましたが、これも『づんの家計簿ノート』を使って簡略化しています。無理をしないことが長続きのポイントなのです。

おわりに

我が家のひと月を追いながら、お金との付き合い方を紹介させていただきました。

今ある生活と向き合いながらも収入支出は年々変化するもの。「来年はまた変わるんだろうな」と思いながらもその変化に対応しなければなりません。

これは我が家だけでなく、皆さん共通することですよね。

いかに不安をなくして過ごせるか、家族の今と未来を楽しいものにできるか、家計を預かる側の意識次第で解決していけます。

その意識することを助けてくれるのが家計簿だと私は思うのです。

日々の支出を記入し、それを把握し……と、地道なことではありますが、実践したもの勝ちです。

頭で考え把握するよりも紙に書き起こして把握するほうが格段に

楽です。そして目標や夢も広がります。

人生を充実させるもさせないも自分次第です。

私は家計簿をつけるようになってから、不思議と笑顔で過ごせて良い運もめぐってきました。

みなさま、一緒にがんばりましょう～☆

づん

『づんの家計簿ノート』は、ひと月4ページあるので3ページ目までで集計が終わったら、4ページ目は（おでかけしたときの）チケットや写真を貼って思い出ページにしています。コンビニやカメラ屋さんで簡単操作でプリントアウトできるので、でかけたついでにプリントしています。その他、Todoやメモページ、献立メモなど自由に活用してみてください！

Profile

づん

鹿児島県出身。夫、4歳の息子、3歳の娘、0歳の息子と共に島根県に在住。自作の家計簿をインスタグラムに投降したところ大人気になり、2016年に発売された書籍はベストセラーに。フォロワーも5万7千人を超え、「づんの家計簿」のタグは2万8千件以上の投稿が集まっている。

インスタグラムのアカウント：@zunizumi

『楽しく、貯まる「づんの家計簿」書きたくなるお金ノート』も絶賛発売中です！

Staff

装丁・デザイン：GRiD
イラスト：森千夏
編集制作：矢作美和（バブーン株式会社）

毎日が幸せになる「づんの家計簿」
書けば貯まるお金ノート

発行日　2017年10月31日
著者　づん

編集　大木淳夫
発行人　木本敬巳
発行・発売　ぴあ株式会社
〒150-0011　東京都渋谷区東1-2-20　渋谷ファーストタワー
編集　03（5774）5267
販売　03（5774）5248
印刷・製本　大日本印刷株式会社

ISBN 978-4-8356-3835-5